KOCHEN MIT JAMIE OLIVER – VON ANFANG AN GENIAL

KOCHEN MIT JAMIE OLIVER – VON ANFANG AN GENIAL

DORLING KINDERSLEY

DORLING KINDERSLEY
London • New York • München • Delhi

Für meine Familie

Bibliografische Information Der Deutschen Bibliothek
Die Deutsche Bibliothek verzeichnet diese Publikation
in der Deutschen Nationalbibliografie;
detaillierte bibliografische Daten sind im Internet über
http://dnb.ddb.de abrufbar.

Titel der englischen Originalausgabe:
The Naked Chef

Die Originalausgabe erschien 1999 in Großbritannien bei Penguin Books Ltd.

8. Auflage, 2004

Übersetzung Gina Beitscher, München
Redaktion Marion Trutter, Starnberg
Fachliche Beratung Tim Mälzer, Hamburg

ISBN 3-8310-0394-7

Druck und Bindung: Firmengruppe Appl, Wemding

Besuchen Sie uns im Internet
www.dk.com

Besuchen Sie Jamie Oliver im Internet
www.jamieoliver.com

INHALT

Corporation of London
YOU ARE NOW
ENTERING A
FOOD AREA

DOSSE POSSE

EINLEITUNG

»Kochen. Von Anfang an genial« ist in England vor drei Jahren unter dem Titel »The Naked Chef« erschienen und war mein erstes Kochbuch überhaupt. Ich hab's geschrieben, weil ich das Gefühl hatte, wenn alle wüssten, wie einfach, schnell und mit wie wenigen Basics man fantasievoll kochen kann, hätten eine Menge Leute eine Menge mehr Spaß und würden dabei auch noch wesentlich gesünder leben.

Der Erfolg meiner Bücher hat mich total umgehauen – ich kann's manchmal immer noch nicht fassen. Es freut mich natürlich, dass so viele Menschen auf der ganzen Welt auf den Geschmack gekommen sind. Für mich sind die Zeiten seitdem ziemlich hektisch geworden. Vom River Café wechselte ich zu Monte's, schrieb mein zweites Buch »Return of the Naked Chef«, und dann das dritte, das auf Deutsch unter dem Titel »Genial kochen« erschienen ist. Zwischendurch drehte ich weitere Kochsendungen und tourte durch die halbe Welt. Ich habe nicht nur viele sympathische Menschen getroffen, sondern auch eine Menge neuer Ideen und Rezepte mitgebracht. Jetzt bin ich gerade dabei, mein eigenes Restaurant in London aufzumachen. Es wird *Fifteen* heißen. Dieses Projekt liegt mir besonders am Herzen, weil es darum geht, sozial benachteiligte Jugendliche zu Köchen auszubilden.

Über dieses Buch

Als ich vor einigen Jahren nach London gezogen bin, in eine winzige Wohnung in Hampstead, hatte ich eine Küche, die nicht größer war als ein Schrank. In meiner zweiten Wohnung in Hammersmith war's auch nicht wesentlich besser – deshalb weiß ich genau, was es heißt, unter eingeschränkten Möglichkeiten zu kochen.

Weil ich schon immer gerne für meine Freundin und jetzige Frau Jools und unsere Freunde gekocht habe, ging es darum, einige der raffinierten Rezepte aus den Restaurants, in denen ich arbeitete, so zu vereinfachen, dass sie von jedem auch unter einfachsten Bedingungen zubereitet werden können und trotzdem Eindruck machen und schmecken.

So kam dieses Buch zustande: es ist eine Sammlung von idiotensicheren, schnellen, absolut super schmeckenden Gerichten ohne überflüssigen Schnickschnack. Schließlich soll Kochen vor allem Spaß machen!

Über mich

Ich bin in einem hübschen kleinen Dorf namens Clavering in der Nähe von Saffron Walden im Norden von Essex aufgewachsen. Da meine Eltern dort ein Pub besaßen, war es für mich etwas ganz Alltägliches, Bier zu zapfen, Weinflaschen zu entkorken und Speisen zuzubereiten.

Mein Interesse am Kochen wurde geweckt, nachdem ich eines Tages zu meinem Dad gesagt hatte: »Alle meine Freunde kriegen Taschengeld – kann ich auch welches bekommen?«

Er lächelte und antwortete: »Nein. Aber wenn du willst, kannst du früh aufstehen und dir etwas Taschengeld verdienen.«

Dad war ein geradezu fanatischer Frühaufsteher. Ich kann mich genau erinnern, was passierte, wenn ich an einem Samstagmorgen im Sommer länger schlief – er wässerte die Blumenkästen auf dem Fensterbrett und steckte dann den Gartenschlauch durch mein Zimmerfenster herein, um mich mit einer ordentlichen Dusche zu wecken! Dad hielt dann eine ganze Auswahl von spannenden Jobs für mich bereit – alle hatten normalerweise mit einem Besen oder Mopp zu tun (ich weiß nicht, wen er in den Schornstein abkommandierte, ich war es glücklicherweise nicht). Später wurde ich »befördert« und durfte mich beim Abwasch bewähren, was mich noch mehr ins Schwitzen brachte. Als erfahrener Achtjähriger, der ich damals war, hielt ich diese Arbeit für absolut unwürdig und war der Meinung, dass sich die wahre Action in der Küche bei den echten Männern abspielte – da wollte ich auch hin. Dort begann meine »Lehrzeit«. Und nicht nur auf kulinarischem Gebiet: Ich lernte auch eine sehr gewählte Sprache! Ich muss eine wahre Plage für die fünf Köche, die mein Vater beschäftigte, gewesen sein, aber sie hatten eine Engelsgeduld und machten mir immer Mut.

Bis zum Ende meiner Schulzeit arbeitete ich jeden Samstag und Sonntag im Pub. Mit fünfzehn konnte ich ein zweiwöchiges Praktikum im Starr in Great Dunmow vorweisen; Brian Jones und sein Küchenchef hatten in der zweiten Woche schon so viel Vertrauen zu mir, dass sie mir einen eigenen Bereich übertrugen. Ich war in meinem Element und beschloss, Kochen zu meinem Beruf zu machen.

Ich hatte das Glück, einen Studienplatz im Westminster Catering College am Londoner Vincent Square zu ergattern, das ich dann drei Jahre lang besuchte. Das riesige College und die multikulturelle Mischung der Studenten haben mich ungeheuer beeindruckt. Es war Wahnsinn! Mir hat nicht nur die praktische Arbeit gefallen, sondern einfach alles, jeder einzelne Abschnitt der Ausbildung. Im College war immer etwas los!

Mein persönlicher Geschmack war zu diesem Zeitpunkt allerdings noch nicht so ganz ausgebildet. Als junger Koch glaubte ich, naiv wie ich war, dass nur ein aufwändiges Gericht auch ein gutes ist. Erst während meiner Tätigkeit im Château Tilques in Frankreich habe ich gelernt, dass Qualität, Sorgfalt, die Liebe zum Kochen und eine individuelle Nuance zusammenspielen müssen. In Frankreich wurde meine Leidenschaft für das Kochen endgültig geweckt; umgeben von Leuten, die um einiges mehr konnten als ich und deren Begeisterung überaus ansteckend und sehr inspirierend war, lernte ich, so viel ich nur konnte.

Der einzige Ort, an dem man noch mehr lernen konnte, war ausgerechnet London. Jeder in der Gastro-Szene war ganz wild darauf, dort zu arbeiten – und ich musste unbedingt auch dazugehören.

Ich interessierte mich vor allem für die italienische Küche und hatte auch prompt das Glück, in Antonio Carluccios Restaurant in der Neal Street einen Job zu bekommen. Die Pasta und die Brotsorten, die dort auf der Speisekarte stehen, gehören zweifellos zu den besten von ganz London. Antonio Carluccio und sein Partner Gennaro sind außerdem für ihre wunderbaren Pilzgerichte bekannt. Ich habe mich anfangs noch gewundert, als während der englischen Steinpilzsaison plötzlich ein paar Italiener auftauchten, um fünf Tage lang Pilze zu sammeln. Sie wussten aber genau, was sie suchten (das ist sehr wichtig beim Pilzesammeln!) und kannten »geheime« Stellen auf dem Land, so dass sie jeden Tag mit Riesenkörben voller Steinpilze zurückkehrten. Am Montag hatten die Männer noch ziemlich ärmlich und abgerissen ausgesehen, am Freitag trugen sie aber bereits nagelneue Turnschuhe. Pilzesammeln scheint ein gut bezahlter Job zu sein!

Nach einem Jahr im Neal-Street-Restaurant und der Erkenntnis, dass ich die italienische Küche wirklich liebte, wollte ich meine Kenntnisse nochmals in einer anderen Richtung erweitern. Ich rief mindestens zehnmal im River Café an und versuchte, mit Ruth Rogers oder Rose Gray ein Vorstellungsgespräch zu vereinbaren. Schließlich gelang es mir, mit Rose zu sprechen – sie war sehr kühl und abweisend, was mich wahnsinnig einschüchterte! Aber schon bald fand ich heraus, dass sie nur am Telefon so klang und dass sie in Wirklichkeit die netteste, wärmste und inspirierendste Küchenchefin ist, die ich jemals kennen gelernt habe.

Auf die Arbeit im River Café konnte man sich nicht vorbereiten. Es war völlig gleichgültig, was man vorher gelernt hatte – der Stil von Rose Gray und Ruth Rogers ist einzigartig und unkonventionell. Für einen Koch ist es die aufregendste Erfahrung überhaupt, nur die feinsten, frischesten Bio-Produkte zu verwenden und an einem neuen Menü mitzuwirken. Einige meiner Rezepte wurden zweifellos von dem inspiriert, was ich im River Café gelernt habe, denn dort hat man mich immer dazu angehalten, meine Fantasie spielen zu lassen – und genau dazu möchte ich auch Sie ermutigen... Also dann, legen Sie los!

ERSTE SCHRITTE

Ganz egal, ob Ihre Kochkünste noch in den Kinderschuhen stecken oder ob Sie bereits viel Erfahrung im und noch mehr Begeisterung fürs Kochen entwickelt haben: Das Wichtigste sind die Grundlagen. Als ich noch aufs College ging, wiederholte Mr. Hobbley, einer unserer Lehrer, jeden Tag aufs Neue: »Alles hängt davon ab, dass Ihr die Grundlagen kennt.« Ich habe ihn häufig nachgeäfft – aber irgendwie hatte er ja Recht. Schauen Sie sich doch einfach mal in den Delikatessenläden und Feinkostabteilungen in Ihrer Nähe um. Die Auswahl ist fantastisch und Sie lernen dabei wirklich eine ganze Menge.

Zucker- und Mehlsorten, Öle, Kräuter, Senf- und Essigvariationen... jede Zutat oder eine beliebige Kombination kann ein Gericht vollkommen verändern. Kaufen Sie ein paar wirklich gute Grundzutaten ein, z.B. hochwertiges Olivenöl – und dem perfekten Essen steht (fast) nichts mehr im Wege.

Die Liste auf der übernächsten Seite kann Ihnen als Basis für wirklich aufregende Gerichte dienen. Wenn Sie dann noch ein Stück Fleisch oder Fisch, etwas Gemüse oder ein wenig Salat einkaufen, haben Sie immer alles zu Hause, um einer Mahlzeit den richtigen Kick zu geben.

THE GREEN ROOM
DUFFER

Die Grundausstattung für Ihren Vorratsschrank

- Senf: Dijonsenf, Senf mit ganzen Körnern, Englischer Senf (süß-säuerlich)
- Öl: kalt gepresstes Olivenöl, Olivenöl, Sonnenblumenöl
- Essig: Rotweinessig, Weißweinessig, Balsamico-Essig, Reisweinessig
- Mehl: Weizenmehl, Maismehl
- Grieß, Couscous
- Backpulver, Natron
- Zucker: brauner Zucker, weißer Zucker, Puderzucker
- Salz: Meersalz, Speisesalz, Kochsalz
- Teigwaren: Spaghetti, Linguine, Tagliatelle, Penne, Farfalle
- Hülsenfrüchte: weiße Bohnen (z. B. Borlotti- und Cannellini-Bohnen), Schwarzaugenbohnen, Limabohnen, halbe gelbe Erbsen, Linsen, Kichererbsen
- Dosentomaten
- Reis: Basmati, Arborio und Carnaroli (Feinkostladen)
- Oliven: grüne und schwarze Oliven
- Nüsse: Pinienkerne, ganze Mandeln, Haselnüsse
- getrocknete Pilze: Steinpilze
- sonnengetrocknete Tomaten
- Schokolade: Kochschokolade
- Kakaopulver
- Sojasauce, Fischsauce, Austernsauce (Asia-Markt)
- Anchovis (Sardellen) in Olivenöl oder Salz
- Kapern: kleine, im Glas eingelegte
- Kräuter und Gewürze (siehe Seite 11)

HERBS

KRÄUTER UND GEWÜRZE

Frische Kräuter

Frische Kräuter sind ein Muss. Sie passen zu fast jedem Gericht und man kann sie ganz leicht selbst ziehen – egal, ob Sie in der Stadt oder auf dem Land leben, viel oder wenig Geld in der Haushaltskasse haben, im 16. Stock eines Hochhauses oder im Erdgeschoss wohnen. Sie brauchen zum Anpflanzen nur einen Garten, einen Blumenkasten am Fenster, einen Terrakotta-Topf oder einen Eimer.

Pflanzen Sie auf jeden Fall Rosmarin, Thymian, Salbei und Lorbeer. Diese Kräuter wachsen an geschützten Plätzen das ganze Jahr über im Freien (Rosmarin und Lorbeer aber besser an einem kühlen Platz im Haus überwintern!) – und sie können auch über viele Monate geerntet werden. Im Topf muss man sie nur gießen und ab und zu düngen. Sie wachsen dann fast von alleine und werden immer größer. Was für ein Genuss, zu Weihnachten frischen Salbei für den Festtagsbraten zu pflücken! Minze, Oregano und Majoran können ebenfalls das ganze Jahr über im Freien bleiben, sterben aber im Winter ab, sofern sie nicht an einem besonders geschützten Ort stehen. Im Frühling kommen sie aber dafür umso üppiger wieder.

Manche der weniger robusten Kräuter, etwa Basilikum und Koriander, können erfolgreich auf dem Fensterbrett gezogen werden. Eine Freundin von mir hat einen riesengroßen roten Basilikum in der Küche – das sieht wirklich toll aus! Außerdem kann man ja nicht ständig frische Kräuter im Supermarkt kaufen. Viel zu oft zahlt man dabei saftige Preise für winzige Mengen. Ich will das jetzt gar nicht weiter ausführen, aber schließlich geht es doch darum, dass man zum Kochen frische Kräuter verwendet, um ein wirklich natürliches Aroma zu erhalten. Deshalb sollten Sie bei Kräutern wählerisch sein!

Getrocknete Kräuter

Auch getrocknete Kräuter haben ihren Platz in der Küche. Man benötigt weniger davon, da ihr Geschmack intensiver ist. Ich plädiere ja dafür, Oregano und Majoran getrocknet zu verwenden, da ihr Geschmack dann noch besser zur Geltung kommt.

Gewürze

Kein gutes Essen ohne Gewürze! Sie sind nahezu unbeschränkt haltbar und warten quasi nur auf ihren Einsatz. Es ist immer billiger, die Gewürze lose oder im Nachfüllbeutel zu kaufen als in kleinen Gläsern. Sie sollten jedoch in luftdicht verschlossenen Behältern aufbewahrt werden.

Die folgenden Gewürze ergänzen die Liste meiner Grundzutaten von Seite 9 und sind immer in meinem Vorratsschrank zu finden:

- Schwarze Pfefferkörner
- Getrocknete Chilischoten
- Muskat
- Nelken
- Koriandersamen
- Fenchelsamen
- Kreuzkümmel (Kumin)
- Kümmel

Küchenmörser

Dies ist wahrscheinlich die beste Investition überhaupt, die Sie für Ihre Küche tätigen können. Sobald Sie alle Kräuter und Gewürze zur Verfügung haben, brauchen Sie noch ein Utensil ganz, ganz dringend: einen Küchenmörser. Ohne ihn könnte ich einfach nicht auskommen. Kaufen Sie jedoch keinesfalls so ein kleines Ding aus Ton oder Porzellan, denn das ist der Aufgabe nicht gewachsen. Was Sie brauchen, ist ein massiver Mörser aus Stein. Er bekommt keine Sprünge, zerbricht nicht und hält ein Leben lang.

SUPPEN

Das Geheimnis guter Suppen sind ganz einfach gute Zutaten. Ein leckeres Süppchen kann innerhalb von Minuten fix und fertig in der Schüssel dampfen und trotzdem so gut schmecken wie eine Suppe, an der Sie eine Stunde oder länger gewerkelt haben. Suppen gehören zu den Dingen, die wirklich jedem gelingen – und ihre Zubereitung kann so einfach sein: Man dünstet frisches Gemüse an, dazu ein paar Gewürze und ein bisschen Brühe – und das war's auch schon. Dann müssen Sie sich nur noch entscheiden, ob Sie die Gemüsestückchen in der Brühe schwimmen lassen oder ob Sie das Ganze pürieren. Zur Verfeinerung können Sie noch etwas Sahne oder ein paar Croûtons zugeben.

Das Gute ist auch, dass man aus fast allem eine Suppe kochen kann. Wenn Sie ein wenig Fantasie entwickeln, wird das Ergebnis köstlich. Ich koche immer mindestens vier oder sechs Portionen – selbst wenn's nur für mich allein ist, und friere die Reste in kleinen Plastik-Gefrierbeuteln ein. (Durch das Tiefkühlen wird die Suppe zwar nicht unbedingt besser, sie ist aber immer noch schmackhafter als jede Fertigsuppe.)

Hier stelle ich Ihnen sechs meiner Lieblingssuppen vor.

Meine Minestrone

Wer je eine echte Minestrone gegessen hat, wird verstehen, worum es hier geht. In Italien kennt man viele köstliche Minestronevariationen, die sich von Ort zu Ort und von Region zu Region unterscheiden. Es gibt kein einheitliches Grundrezept für die verschiedenen Arten von Minestrone. Die Zutaten ändern sich mit den Jahreszeiten: Im Winter, wenn es kalt ist, soll die Suppe wärmen und sättigen und enthält deshalb mehr Pasta und Gemüse. In der Sommerhitze schmeckt eine leichtere, weniger üppige Suppe mit Zutaten wie jungem Spargel, Erbsen, dicken Bohnen und Artischocken. Im River Café steht im Sommer immer eine ganz ungewöhnliche Minestrone mit Minze und Basilikum auf der Speisekarte.

Ein paar nützliche Tipps vor dem Start

- Ich verwende gern mehrere verschiedene Kohlsorten, z. B. Weißkohl, Wirsing, Grünkohl und Schwarzkohl, der in den Lebensmittelabteilungen großer Kaufhäuser und bei guten Gemüsehändlern erhältlich ist.
- Ihre Minestrone wird etwas ganz Besonderes, wenn Sie die Pasta selber machen (siehe Seite 47). Rollen Sie den Teig dünn aus und schneiden Sie ihn kreuz und quer in mittelgroße Stücke. Diese dürfen ruhig unregelmäßige Formen haben, dann wirken sie schön deftig. Geben Sie die Pasta ganz kurz (ca. 30 Sekunden) in siedendes Wasser, um überschüssiges Mehl zu entfernen, und dann in die fast fertige Suppe.
- Wenn Sie fertige Spaghetti verwenden, dann rollen Sie diese in ein Küchentuch ein. An beiden Enden festhalten und kräftig über die Tischkante ziehen. Dadurch werden die Spaghetti in kleine Stücke gebrochen.
- Bereiten Sie die Suppe am besten mit Schinken- oder Speckbrühe zu, zum Beispiel mit dem Sud, der nach dem Garen eines Kochschinkens (siehe Seite 131) zurückbleibt. Hühner- oder Gemüsebrühe sind ebenfalls geeignet, aber geben Sie in diesem Fall ein paar Scheiben durchwachsenen Frühstücksspeck (Pancetta oder Bacon) bei, wenn Sie Gemüse und Rosmarin anbraten. Da Schinkenbrühe leicht salzig ist, sollten Sie vor dem Würzen erst kosten.
- Ideal sind vollreife frische Tomaten; mit italienischen Dosentomaten von guter Qualität können Sie jedoch das gleiche Ergebnis erzielen.

6 Portionen

10 große reife Eiertomaten (oder 2 Dosen Tomaten zu je 400g, ohne Saft)
3 mittelgroße Karotten
2 mittelgroße Stangen Lauch
5 Selleriestangen
2 rote Zwiebeln
1 Kohlkopf (oder eine entsprechende Mischung)
1 EL Olivenöl
2 Knoblauchzehen, in feine Scheiben geschnitten
1 gehäufter EL frischer gehackter Rosmarin
850 ml Schinken- oder Speckbrühe (ersatzweise Hühner- oder Gemüsebrühe)
gut 3 Hand voll frisches Basilikum
170 g Spaghetti (oder ½ Pastarezept, siehe Seite 47)
Salz und frisch gemahlener schwarzer Pfeffer
kalt gepresstes Olivenöl (Extra Vergine)
geriebener Parmesan

Die Tomaten einritzen und kurz in kochendes Wasser legen. Dann enthäuten, entkernen und grob würfeln. Die Karotten schälen oder schaben, der Länge nach vierteln und klein hacken. Die äußeren Blätter der Lauchstangen entfernen, diese der Länge nach vierteln, waschen und klein hacken. Vom Stangensellerie mit einem Gemüseschäler die Fasern entfernen, dann die Stangen der Länge nach halbieren und klein schneiden. Die Zwiebeln schälen und hacken. Vielleicht gelingt es Ihnen ja, das ganze Gemüse in mehr oder weniger gleich große Stückchen zu zerkleinern (Würfel von rund 1 cm), aber seien Sie dabei nicht zu pingelig. Nun noch den Kohl waschen und grob hacken.

Das Olivenöl in einen erhitzten Topf mit dickem Boden geben und Karotten, Lauch, Sellerie, Zwiebeln, Knoblauch und Rosmarin bei mittlerer Hitze nicht zu weich dünsten (etwa 15 Minuten). Die gehackten Tomaten zufügen und 1–2 Minuten weiterdünsten. Die Brühe angießen, zum Kochen bringen und 15 Minuten köcheln. Wenn nötig, den Schaum abschöpfen. Den Kohl zugeben, Topf zudecken und 10 Minuten köcheln, dann das zerpflückte Basilikum und die Pasta hinzufügen, die nun alle Aromen der Suppe absorbiert. 5 Minuten oder etwas länger weiterköcheln lassen. Mit Salz und Pfeffer abschmecken. Die Suppe sollte ziemlich dick und im Geschmack intensiv sein, und der Kohl darf nicht verkochen.

Träufeln Sie vor dem Servieren etwas kalt gepresstes Olivenöl von wirklich guter Qualität über jede Portion und servieren Sie frisch geriebenen Parmesan dazu.

Cremige Suppe aus Auberginen, weißen Bohnen und Ricotta

6 Portionen

300 g weiße Bohnen (z.B. Cannellini-Bohnen), über Nacht eingeweicht
4 große Auberginen
1 EL Olivenöl
2 Knoblauchzehen, fein gehackt
1–2 kleine getrocknete rote Chilischoten, zerdrückt oder gehackt
1 EL frisches gehacktes Basilikum
1 EL frische gehackte Petersilie
600 ml Hühner- oder Gemüsebrühe (siehe Seite 223)
250 g frischer Ricotta
Salz und frisch gemahlener schwarzer Pfeffer
kalt gepresstes Olivenöl (Extra Vergine)

Die eingeweichten Bohnen gut abspülen, mit Wasser bedecken, zum Kochen bringen und etwa 1 Stunde bzw. so lange köcheln, bis sie weich sind.

Die Auberginen mit einem Messer einstechen, auf ein Backblech legen und etwa 40 Minuten bei größter Hitze im Backofen backen.

Das Olivenöl in einem tiefen Topf erhitzen und Knoblauch, Chili, Basilikum und Petersilie braten, bis der Knoblauch weich ist, aber noch keine Farbe angenommen hat. Die gebackenen Auberginen halbieren, das süß duftende Fruchtfleisch ausschaben und in den Topf geben. Dann die gekochten Bohnen und die Brühe zufügen. Zum Kochen bringen und 20 Minuten köcheln. Die Hälfte der Suppe pürieren und wieder in den Topf geben. Umrühren und gut würzen. Die Suppe sollte cremig, kräftig und ziemlich dick sein. Nun noch den mit Salz und Pfeffer gewürzten zerbröckelten Ricotta einrühren.

Mit kalt gepresstem Olivenöl servieren und frisches, warmes Brot mit einer schönen Kruste dazu reichen.

Kichererbsen-Lauch-Suppe

Dieses Rezept hat mein australischer Freund Bender in einem alten Kochbuch aufgestöbert. Die Suppe ist rasch zubereitet und schmeckt fantastisch. Die Kichererbsen werden butterweich und der Lauch schmeckt süßlich. Das sind zwei ganz einfache Geschmacksnuancen. Und auch wenn diese leichte Suppe keine frischen Kräuter enthält, finde ich sie lecker.

6 Portionen
350g Kichererbsen, über Nacht eingeweicht
1 mittelgroße Kartoffel, geschält und klein geschnitten
5 mittelgroße Lauchstangen
1 EL Olivenöl
1 TL Butter
2 Knoblauchzehen, geschält und in feine Scheiben geschnitten
Salz und frisch gemahlener schwarzer Pfeffer
850ml Hühner- oder Gemüsebrühe (siehe Seite 223)
geriebener Parmesan
kalt gepresstes Olivenöl (Extra Vergine)

Die eingeweichten Kichererbsen abspülen, mit Wasser bedecken und mit den Kartoffelstücken weich kochen (siehe dazu »Wie man Hülsenfrüchte kocht«, Seite 157). Die äußeren Blätter von den Lauchstangen entfernen, die Stangen von der Wurzel her der Länge nach halbieren, waschen und den Lauch in feine Ringe schneiden.

Einen Topf mit dickem Boden erwärmen, den EL Olivenöl und die Butter hineingeben. Lauch und Knoblauch mit einer Prise Salz zufügen und dünsten, bis sie weich und süß sind. Die abgegossenen Kichererbsen zufügen und eine Minute mitbraten. Zwei Drittel der Brühe angießen und 15 Minuten köcheln.

Jetzt müssen Sie sich entscheiden, ob Sie die Suppe pürieren oder lieber als Brühe mit Einlage essen möchten. Sie können es aber auch so machen wie ich – nämlich eine Hälfte pürieren und den Rest als Brühe mit Einlage belassen. Dadurch bleibt die Suppe relativ bissfest. Gießen Sie so viel von der restlichen Brühe zu, bis die Suppe die gewünschte Konsistenz hat. Mit Salz und Pfeffer abschmecken und nach Belieben mit Parmesan bestreuen.

Diese Suppe eignet sich gut als Vorspeise; ich mag sie jedoch am liebsten als Hauptgericht: in einer großen Suppenschale mit einem herzhaften Schuss Olivenöl, ein wenig frisch gemahlenem schwarzen Pfeffer und einer extra Portion geriebenem Parmesan.

Tomaten-Paprika-Suppe mit Basilikumpaste und Olivenöl

Mir schmeckt diese Suppe heiß am besten, aber im Sommer kann man sie auch kalt servieren. Sie sieht ansprechend aus und die Aromen harmonieren gut miteinander, bewahren aber dennoch ihren Eigengeschmack. Für ein lecker-leichtes Mittagessen können Sie die Suppe mit einem mit Mozarella oder einem sahnigen Käse überbackenen Toast kombinieren.

6 Portionen
15 reife Eiertomaten
3 mittelgroße rote Paprikaschoten
ca. 7 EL kalt gepresstes Olivenöl (Extra Vergine)
frische rote Chilis, entkernt und gehackt (nach Belieben)
Salz und frisch gemahlener schwarzer Pfeffer
1 Knoblauchzehe, geschält und fein gehackt
2 EL Rotweinessig (nach Belieben)
600 ml Hühner- oder Gemüsebrühe (siehe Seite 223)
gut 2 Hand voll frische Basilikumblätter

Die Tomaten an der Oberseite einritzen, etwa 20 Sekunden in kochendem Wasser blanchieren, dann die Haut abziehen und die Kerne entfernen. Die Tomaten grob hacken. Die Paprikaschoten im Ganzen grillen. Damit sich ihr typischer Geschmack voll entfalten kann, sollten sie so lange gegrillt werden, bis sie nahezu schwarz sind. In einer zugedeckten Schüssel etwas abkühlen lassen, dann enthäuten und fein hacken.

Die gehackten Paprikaschoten mit 2 EL kalt gepresstem Olivenöl und den gehackten Chilis in einen vorgewärmten Topf mit dickem Boden geben. Eine Prise Salz darüber streuen und etwa 5 Minuten langsam anbraten. Die gehackte Knoblauchzehe zufügen und noch 2 Minuten weiterbraten. Dann die grob gehackten Tomaten mit einer weiteren Prise Salz und dem Rotweinessig zufügen und alles 10 Minuten kochen. Die Brühe angießen und weitere 15 Minuten köcheln. Nach Belieben salzen und pfeffern.

Nun das Basilikum mit einer Prise Salz im Mörser zu einer Paste zerstoßen (oder im Mixer pürieren). Das restliche Olivenöl einrühren und einen Spritzer Rotweinessig darüber geben. Zum Servieren die Mischung großzügig auf der Suppe verteilen.

KLARE FUSION-*SUPPEN*

Ganz ehrlich: Diese Art Suppen macht mich richtig an. Früher hatte ich absolut keine Ahnung von *Fusion-* oder asiatischer Küche und ich muss zugeben, dass ich auf diesem Gebiet immer noch kein Experte bin. Aber das ist nicht immer das Wichtigste – man muss sich nur in die Dinge einfühlen und für sich selbst herausfinden, worum es überhaupt geht. Eine gute Brühe dient – im Gegensatz zu einer deftigen Suppe – nicht dazu, an einem kalten Wintertag den Magen zu füllen; sie sollte vielmehr leicht, erfrischend, reinigend und fast schon eine Art Medizin sein. Die Einfachheit steht hier im Mittelpunkt. Ich schlendere durch die Asia-Märkte und stecke meine Nase in alle fernöstlichen Zutaten. Sie sind erstklassig und es gibt eine Riesenauswahl! Meine Brühen werden durch die Zutaten inspiriert, die mir gerade in die Hände fallen.

Das Schöne an dieser Art Suppe ist, dass man sich dabei so richtig austoben kann. Machen Sie sich zum Mittagessen einen Riesenteller klare Brühe mit Nudeln, Gemüse oder was auch immer – es wird Ihnen wirklich gut tun. (Ich würde Ihnen jedoch nicht raten, eine solche Kreation beim ersten Rendezvous aufzutischen, denn zum echten Genuss gehört auch eine Menge Geschlürfe, Geschmatze und Geschlabbere. Die Nudeln kleben in den Mundwinkeln fest und das Gesicht wird über und über mit Brühe bespritzt. Warten Sie also am besten ab, bis Ihre neue Beziehung bereits ein paar Wochen überdauert hat!)

Ich stelle Ihnen zwar zwei meiner Lieblingsrezepte vor, aber im Grunde will ich Sie nur dazu ermuntern, Ihre eigenen Ideen zu verwirklichen. Verwenden Sie drei oder vier Zutaten wie Nudeln, Kräuter, Fleisch, Fisch oder Gemüse. Und denken Sie immer daran: Das Wichtigste ist die Brühe selbst. Ich mag sie am liebsten klar und mit einem kräftigen Geschmack. (Das Rezept für Klare Brühe finden Sie auf Seite 226.)

Servieren Sie Brühe und Einlage am besten separat – das wirkt viel ansprechender und exotischer. Verteilen Sie alle Zutaten mit Ausnahme der Brühe auf Servierschalen und gießen Sie die kochend heiße Brühe erst am Tisch darüber. Vor dem Servieren eine große Hand voll frischer Kräuter in die Brühe streuen – und das Aroma verteilt sich wie bei einem Teebeutel. Das Gemüse und/oder Fleisch in jeder Schale einfach mit der dampfenden Brühe übergießen und etwas Zitronensaft darüber träufeln.

Kräuterbrühe mit gebratener Hähnchenbrust, Ingwer, chinesischem Gemüse und Nudeln

4 Portionen
4 Hähnchenbrüste
Salz und frisch gemahlener schwarzer Pfeffer
1 l Hühnerbrühe (siehe Seite 223)
1 gehäufter EL frischer Ingwer, in feine Scheiben geschnitten
1 Knoblauchzehe, geschält und in Scheiben geschnitten
300–400 g chinesisches Gemüse (Pak Choi, Chinakohl, chinesischer Brokkoli)
450 g Nudeln
1–2 frische rote Chilischoten, entkernt und in feine Scheiben geschnitten
1 Hand voll frischer Koriander, zerpflückt
4 EL Sojasauce
1 Zitrone oder Limette

Die Hähnchenbrüste enthäuten und das überschüssige Fett entfernen. Salzen. Eine Bratpfanne sehr heiß werden lassen, die Hähnchenbrüste hineinlegen und auf beiden Seiten braten, bis sie gar sind. Auf ein Brett legen und 3 Minuten ruhen lassen, dann schräg in etwa 1 cm dicke Scheiben schneiden. In der Zwischenzeit die Hühnerbrühe mit Ingwer und Knoblauch zum Kochen bringen und auf niedriger Hitze leicht weitersieden lassen. Ich dämpfe das chinesische Gemüse gern über der Brühe weich, Sie können es jedoch auch in der Brühe garen.

Während die Brühe köchelt, werden die Nudeln in siedendem Salzwasser gegart, abgegossen und auf vier Suppenschalen verteilt. Dann das Gemüse zwischen die Nudeln geben, die Hähnchenscheiben darauf legen, Chili und Koriander darüber streuen und mit der Sojasauce beträufeln. Die Brühe, falls nötig, abschmecken und über die Einlage in den Schalen gießen. (Wie eingangs erwähnt, können Sie die Brühe direkt am Tisch servieren.) Zuletzt noch mit einem Spritzer Zitronen- oder Limettensaft abrunden.

Brühe mit gedämpften Muscheln, Garnelen, Nudeln, schwarzen Bohnen, Koriander und Limetten

4 Portionen

170 g schwarze Bohnen, über Nacht eingeweicht
1 l Hühner- oder Fischbrühe (siehe Seite 223/224)
2 gehäufte EL in feine Scheiben geschnittener Ingwer
8 mittelgroße Kammmuscheln, geputzt und ausgelöst, mit oder ohne Rogen (Corail)
8–12 rohe Riesengarnelen, ohne Schale und ohne den dunklen Darm
450 g lebende Venusmuscheln
450 g Nudeln
1 Hand voll frische Petersilie oder Basilikum
gut 2 Hand voll frischer Koriander
2 frische rote Chilischoten, entkernt und in feine Scheiben geschnitten
Salz und frisch gemahlener schwarzer Pfeffer
2 Limetten

Die eingeweichten Bohnen abspülen, mit Wasser bedecken, zum Kochen bringen und so lange kochen, bis sie weich sind. Die Brühe zum Kochen bringen und den Ingwer dazugeben. Die Meeresfrüchte über der köchelnden Brühe dämpfen. (Wenn Sie keinen Dämpfeinsatz zur Verfügung haben, geben Sie die Meeresfrüchte mit etwas Wasser oder Weißwein in einen Umschlag aus Alufolie und garen sie im Ofen bei maximaler Temperatur 5-10 Minuten oder so lange, bis sich die Venusmuscheln öffnen.)

Während die Meeresfrüchte gedämpft werden, kochen Sie die Nudeln in siedendem Salzwasser bis sie bissfest sind und gießen sie ab. Die Nudeln auf 4 Suppenschalen verteilen, Meeresfrüchte, Bohnen, Kräuter und Chili darüber geben. Die Brühe, falls nötig, abschmecken und am Tisch aus einer Teekanne servieren. Mit einem Spritzer Limettensaft abrunden.

SALATE UND DRESSINGS

Der Salat fristet in manchen Küchen immer noch ein trauriges Dasein. Ich finde das ausgesprochen schade, weil ich jede Art von Salat wirklich sehr mag! Deshalb möchte ich die Leute animieren, einmal etwas Neues auszuprobieren. Die meisten von Ihnen werden sich kaum für einen schlaffen und langweiligen Salat begeistern. Vergessen Sie also den wenig schmackhaften Eisbergsalat und die Dressings auf Wasserbasis – und denken Sie daran: Grünzeug ist wirklich gesund! Tun Sie sich also selbst einen Gefallen und gönnen Sie sich regelmäßig einen leckeren Salat. Hier kommt eine Auswahl von tollen Salaten und Dressings, die so schnell und einfach gehen, dass Sie sie einfach ausprobieren müssen.

Bereiten Sie Ihre Dressings immer mit erstklassigem Olivenöl zu, sonst bekommen Sie am Schluss die Rechnung serviert – bei Olivenöl gibt es keine faulen Kompromisse! Sie sollten Ihren Salat erst kurz vor dem Servieren anmachen, sonst fällt er jämmerlich in sich zusammen. Denken Sie daran, dass ein Salatdressing besser schmeckt, wenn man es erst kurz vor dem Servieren zusammenmixt, aber natürlich geht die Welt auch nicht unter, wenn man eine größere Menge vorbereitet und dann kühl stellt.

DUFFER

SALATE

Karotten-Fenchel-Sellerie-Salat

Einer der besten Salate überhaupt. Er ist knackig, schmackhaft und besonders gut, wenn man ihn mit Käse serviert (z. B. Mozzarella oder Ricotta).

Sie brauchen jeweils die gleiche Menge an Karotten (am besten ganz junge), Fenchel und Selleriestangen. Waschen und schälen Sie die Karotten und schneiden Sie sie in 10 cm lange Stücke. Diese Stücke einmal längs halbieren, auf die flache Seite legen und längs in dünne Scheiben schneiden. Von der Fenchelknolle die Unterseite und die Stielenden abschneiden, die etwas härteren äußeren Blätter entfernen, dann die Knolle halbieren und von der Wurzel nach oben in möglichst feine Scheiben schneiden.

Vom Sellerie den Boden abschneiden und die äußeren Blätter entfernen. (Ich schäle die Selleriestangen mit einem Gemüseschäler, um die Fasern zu entfernen.) Für diesen speziellen Salat verwende ich nur die unteren 10 cm der Stangen einschließlich des Inneren. Dieser Teil schmeckt völlig anders als der restliche Sellerie und sieht auch ganz anders aus: Er ist weiß, viel schmackhafter und völlig faserfrei. Halbieren Sie ihn wie den Fenchel und schneiden Sie ihn von der Wurzel nach oben in möglichst feine Scheibchen.

Etwas Kräuter-Rotweinessig-Dressing (siehe Seite 42) darüber geben und gut durchmischen. Dies ist so ziemlich der einzige Salat, den ich bereits ein paar Minuten vor dem Servieren anmache, denn es scheint ihm ganz gut zu tun, wenn man den Aromen etwas mehr Zeit lässt um richtig durchzuziehen.

Rote-Bete-Salat mit Majoran-Balsamico-Dressing

Kaufen Sie ganz junge Rote Bete, die alle etwa gleich groß sein sollten (zur Not geht es auch mit vorgekochten). Die Rote Bete in Salzwasser weich kochen (die Schale sollte sich mit dem Daumen mühelos entfernen lassen). Abgießen und etwas abkühlen lassen. Ziehen Sie die gesamte Schale mit den Fingern ab und entfernen Sie auch den Stiel. Wenn die Rote Bete recht klein sind, halbieren Sie sie oder lassen Sie sie ganz, größere können Sie vierteln.

Machen Sie die noch warme Rote Bete mit Majoran-Balsamico-Dressing (siehe Seite 42) an und servieren Sie das Ganze entweder allein als Salat oder als Beilage zu gegrilltem oder gebratenem Fisch.

Kartoffelsalat

Als Basis nehmen Sie rund 500g fest kochende Kartoffeln (es ist wichtig, dass Sie neue Kartoffeln verwenden, die alle etwa gleich groß sind). Die Kartoffeln schälen und in siedendem Salzwasser garen. Sie sind dann auf den Punkt perfekt gekocht, wenn sie von der Klinge des Messers fallen, mit dem Sie in die Kartoffel stechen (die Kartoffeln dürfen nicht zu fest sein, sollen aber auch nicht zerfallen). Sobald die Kartoffeln gar sind, abgießen und in eine Schüssel geben. Es ist sehr wichtig, dass Sie das Dressing zugeben, solange die Kartoffeln noch dampfend heiß sind. Denn wenn man sie im Dressing abkühlen lässt, können die Aromen die Kartoffeln richtig gut durchdringen. Ich selbst verwende am liebsten folgende drei Dressings:

Kartoffelsalat mit Salsa Verde

Hierzu machen Sie die Kartoffeln mit 2 großzügig bemessenen EL Salsa Verde (siehe Seite 233) an – und schon haben Sie den Salat!

Kartoffelsalat mit Olivenöl, Zitrone und Dill

Verwenden Sie hierfür Olivenöl-Zitronensaft-Dresssing (siehe Seite 42) und geben Sie etwas grob gehackten frischen Dill, ein wenig Salz und frisch gemahlenen schwarzen Pfeffer dazu. Anstelle von Dill können Sie auch frische Minze, Petersilie oder Fenchelgrün verwenden.

Kartoffelsalat mit Löwenzahn und Schalotten

Verwenden Sie auch hier Olivenöl-Zitronensaft-Dressing (siehe Seite 42), geben Sie ein paar gewaschene und grob gehackte Löwenzahnblätter und einige fein gehackte Schalotten dazu und schmecken Sie das Ganze mit Salz und frisch gemahlenem schwarzen Pfeffer ab.

Kartoffelsalat mit Salsa Verde

Gemischter Salat mit gebackenen Tomaten

Trauen Sie sich ruhig, bei diesem Salat verschiedene Zutaten zu mischen, etwa Romana-Salat, Radicchio, Salatherzen, Radieschen, Fenchel und Stangensellerie. Geben Sie frische Kräuter wie Majoran, Basilikum oder Petersilie dazu. Und wenn Sie das alles beisammen haben, bekommt das Ganze mit ein paar gebackenen Tomaten noch die nötige Würze. Verwenden Sie möglichst vollreife Eier- oder Kirschtomaten – kleine Exemplare ganz lassen, größere halbieren. Mischen Sie sie in einer Schüssel mit etwas Knoblauch, frischem Thymian, frischem Basilikum – alles gehackt –, ein wenig getrocknetem Oregano, einem Schuss Olivenöl, viel Salz und frisch gemahlenem schwarzen Pfeffer sowie etwas getrocknetem Chili (frischer Chili geht auch). Nun den Inhalt der Schüssel auf ein Backblech geben und gleich backen; die Tomaten sollen Farbe annehmen und etwas austrocknen. Dies dauert im sehr heißen Backofen ca. 15 Minuten. Dann abkühlen lassen. Den Salat erst kurz vor dem Servieren mit Olivenöl-Zitronensaft-Dressing (siehe Seite 42) anmachen und die Backtomaten darauf verteilen.

Tomatensalat – das Original

Frische Tomaten sollte man nicht abgepackt kaufen – man muss sie sich genau anschauen und daran riechen können. Die perfekte Tomate sollte eine tiefrote Farbe haben und weich, aber nicht matschig sein. Mittlerweile gibt es auch im Supermarkt Kirschtomaten, Eiertomaten und sogar gelbe Tomaten, die Sie ebenfalls für diesen Salat verwenden können.

Schneiden Sie die Tomaten in Scheiben – wie dick sie sein sollen, bleibt ganz Ihnen überlassen – und legen Sie sie auf einem großen Teller flach aus. Hacken Sie *ganz wenig* Knoblauch (der Geschmack ist ziemlich intensiv) und *ein klein wenig* Schalotte oder rote Zwiebel möglichst fein. Verteilen Sie Knoblauch und Zwiebeln auf den Tomaten. Streuen Sie Meersalz, frisch gemahlenen schwarzen Pfeffer und getrockneten Oregano über den Salat. Zum Schluss noch ein paar zerpflückte Basilikumblätter auf den Tomaten verteilen und mit Balsamico-Essig und reichlich kalt gepresstem Olivenöl beträufeln.

Radieschen-Fenchel-Salat

Radieschen-Fenchel-Salat

Die Zutatenverteilung für diesen Salat bleibt ganz Ihnen überlassen. Ich selbst nehme über den Daumen gepeilt zwei Teile Fenchel zu einem Teil Radieschen. Beim Kauf von Radieschen sollten Sie nach wirklich festen, knackigen Exemplaren Ausschau halten. Die Radieschen waschen und in feine Scheiben schneiden. Vom Fenchel gibt es zweierlei Sorten: eine dünnere und eine rundere, dickere. Ich verwende immer die runderen, dickeren Fenchelknollen – die sind normalerweise viel kompakter, weniger faserig und haben auch viel mehr Grün, das für dieses Rezept benötigt wird.

Das Grün und die Stiele abschneiden und beiseite legen. Die Unterseite der Knolle glatt schneiden und die äußeren Blätter entfernen, wenn sie zu hart sind. Die Knolle halbieren und vom Wurzelansatz her in dünne Scheiben schneiden. Radieschen und Fenchel in eine Schüssel geben, mit kaltem Waser bedecken und ein paar Eiswürfel zufügen. Mindestens 15 Minuten stehen lassen, bis Radieschen und Fenchel ganz knackig sind. Abgießen, trocken schleudern oder -tupfen, in eine Schüssel geben und mit dem Olivenöl-Zitronensaft-Dressing (siehe Seite 42) anmachen. Das Fenchelgrün hacken und über den Salat streuen. Passt prima zu gegrilltem Fisch.

Chicoréesalat mit Anchovis-Kapern-Dressing

Als ich in Frankreich gearbeitet habe, gab's andauernd Chicorée, und zwar roh und ganz ohne Dressing. Er schmeckte ziemlich bitter und hing mir irgendwann zum Hals heraus. Später habe ich aber die Erfahrung gemacht, dass der leicht bittere Geschmack in Ordnung geht, wenn man Chicorée kocht oder mit geschmacklich kräftigen Zutaten anmacht – Anchovis und Zitrone sind dafür ein perfektes Beispiel. Dieser Salat ist klasse!

Sie brauchen vier mittelgroße, schöne Chicorée, die Sie jeweils vom Wurzelansatz her halbieren (den bitteren Kern am Ende herausschneiden), vierteln und achteln. In kaltem Wasser waschen und abgießen, dann trocken tupfen oder -schleudern. Mit dem Mörser 6 Anchovisfilets und 1 EL Kapern zerstoßen (oder ganz fein hacken). Die Mischung in eine Schüssel geben und das Olivenöl-Zitronensaft-Dressing (siehe Seite 42) hinzufügen – Sie brauchen das Dressing nicht zu salzen, denn Anchovis und Kapern sind salzig genug. Gut vermischen und den Chicorée dazugeben. Wenn Sie möchten, noch mit etwas extra Zitronensaft abschmecken.

Salat aus Artischocken und Sellerie mit Parmesan, Zitrone und Olivenöl

Zum ersten Mal habe ich diesen Salat in einem Café in Italien probiert. Er sah zwar eher langweilig aus, aber er schmeckte einfach fantastisch! Der knackige rohe Sellerie und die Artischocken passen perfekt zum Olivenöl und Zitronensaft. Das Ganze ist wirklich erfrischend und die gehaltvollen Parmesanstreifen verbinden alles miteinander. Super!

Zwei Artischocken vorbereiten (siehe Seite 137) und von der Wurzel nach oben in möglichst dünne Scheiben schneiden. Von dem zarten Herzen eines Stangenselleries die Stiele entfernen – verwenden Sie nur die unteren 10 cm für den Salat und bewahren Sie den Rest für andere Gerichte, zum Beispiel Stews oder Schmorgerichte, auf. Den Sellerie halbieren und dann von unten nach oben möglichst dünn aufschneiden und dabei alle gelben Blätter für später auf die Seite legen (die grünen sind furchtbar bitter). Artischocken und Sellerie in eine Schüssel geben und leicht salzen. Mit Olivenöl-Zitronensaft-Dressing (siehe Seite 42) mischen. Dann mit einem Gemüseschäler von einem Stück Parmesan lange Streifen abhobeln, über dem Salat verteilen und diesen mit den grob gehackten gelben Sellerieblättern bestreuen.

Kosten Sie den Salat – vielleicht verträgt er ja noch etwas zusätzlichen Zitronensaft, denn der ist das Tüpfelchen auf dem i!

Warmer Salat aus Radicchio, Salatherzen und Speck

Verwenden Sie zu gleichen Teilen Salatherzen und Radicchio. Die Unterseiten abschneiden, die äußeren Blätter entfernen, dann Salatherzen und Radicchio halbieren. Denken Sie daran, dass die weiße Wurzel die Blätter zusammenhält, und schneiden Sie jede Hälfte von der Wurzelmitte aus in etwa 1 cm große, keilförmige Stücke, die von der Wurzel gerade noch zusammengehalten werden. Vorsichtig in kaltem Wasser waschen, abtropfen lassen, schleudern oder trocknen und in eine Schüssel geben.

Ein paar Scheiben durchwachsenen Frühstücksspeck (Bacon) goldbraun und knusprig braten. Den Salat entweder mit Olivenöl-Zitronensaft-Dressing oder Kräuter-Rotweinessig-Dressing (siehe Seite 42) anmachen. Den Speck mit einem Schaumlöffel aus der Pfanne heben und über dem Salat verteilen.

Salat aus Artischocken und Sellerie mit Parmesan, Zitrone und Olivenöl

Salat aus jungem Spinat, frischen Erbsen und Feta

Salat aus jungem Spinat, frischen Erbsen und Feta

Sie brauchen zwei große Hand voll jungen Spinat – welke Blätter und grobe Stiele entfernen, Spinat gut waschen. Trocken schleudern und mit knapp zwei Hand voll frischen Erbsen in eine Schüssel geben. (Falls Sie nicht das Glück haben, junge Erbsen zu ergattern, die süß und weich sind, können Sie auch tiefgekühlte Erbsen verwenden.) Den Salat erst in letzter Minute mit dem Olivenöl-Zitronensaft-Dressing (siehe Seite 42) anmachen und zerbröckelten Feta-Käse darüber streuen.

Salat aus dicken Bohnen, Spargel und grünen Bohnen mit Senf-Dressing

Für diesen Salat brauchen Sie jeweils die gleiche Menge an dicken Bohnen, Spargel und grünen Bohnen. Nachdem Sie die dicken Bohnen aus den Schoten gepult haben, müssen Sie sie sortieren: Die kleinsten können roh gegessen werden, die größeren muss man leicht blanchieren. Zu diesem Zweck geben Sie größere dicke Bohnen mit härterer Schale in einen Topf mit siedendem, *salzlosem* Wasser (Salz macht die Schale hart). Entfernen Sie nach dem Blanchieren die Schale, wenn sie Ihnen zu hart erscheint. Putzen Sie den Spargel an den Stangenenden (suchen Sie sich die ganz jungen Stangen aus!) und schälen Sie ihn von knapp unterhalb der Spitze bis zum Stangenende. Von den Bohnen die Stiele entfernen, die dünnen Enden dranlassen.

Die Bohnen garen, bis sie weich sind, den Spargel ebenso. Schließlich den Salat mit dem Senf-Dressing (siehe Seite 43) anmachen – am besten, solange Spargel und Bohnen noch heiß sind.

Gemischter grüner Salat

Für mich gehören Rucola, Brunnenkresse, junger Spinat, etwas zerpflückter Romana-Salat und fein aufgeschnittener Fenchel in einen gemischten Salat. Zwei, drei oder auch alle diese Zutaten zusammen ergeben einen wirklich interessanten Salat. Machen Sie ihn in letzter Minute mit Majoran-Balsamico-Dressing, Olivenöl-Zitronensaft-Dressing oder Kräuter-Rotweinessig-Dressing (alle siehe Seite 42) an.

DRESSINGS

Kräuter-Rotweinessig-Dressing

4 Portionen

2 EL Rotweinessig
5 EL bestes Olivenöl (Extra Vergine)
1 gestrichener TL Salz
1 gestrichener TL frisch gemahlener schwarzer Pfeffer
1 gehäufter EL frischer gehackter Majoran
1 gehäufter EL frisches gehacktes Basilikum
1 gehäufter EL frische gehackte Petersilie
3 EL fein gehackte Schalotten

Alle Zutaten vermischen und zuletzt die Schalotten zugeben.

Olivenöl-Zitronensaft-Dressing

4 Portionen

2 EL Zitronensaft
5 EL Olivenöl (Extra Vergine)
1 gestrichener TL Salz
1 gestrichener TL frisch gemahlener schwarzer Pfeffer

Alle Zutaten miteinander vermischen.

Majoran-Balsamico-Dressing

4 Portionen

2 EL Balsamico-Essig (bei einem qualitativ sehr hochwertigen Produkt reicht evtl. schon 1 EL)
5 EL Olivenöl (Extra Vergine)
1 TL frisch gemahlener schwarzer Pfeffer
3 gehäufte EL frischer gehackter Majoran

Alle Zutaten miteinander vermischen.

Senf-Dressing

4 Portionen

1 gehäufter EL bester Dijonsenf oder grober Senf
2 EL frisch gepresster Zitronensaft oder Balsamico-Essig
5 EL Olivenöl (Extra Vergine)
1 TL Salz
1 TL frisch gemahlener schwarzer Pfeffer

Alle Zutaten miteinander vermischen.

Anchovis-Kapern-Dressing

4 Portionen

2 EL frisch gepresster Zitronensaft
5 EL Olivenöl (Extra Vergine)
1 TL frisch gemahlener schwarzer Pfeffer
6 Anchovisfilets (Sardellenfilets), gehackt oder zerdrückt
1 EL kleine Kapern, gehackt oder zerdrückt

Alle Zutaten in einer Schüssel vermischen. Die Zugabe von Salz sollte aufgrund der Anchovis und Kapern nicht mehr nötig sein.

Honig-Senf-Knoblauch-Dressing

4 Portionen

½ TL geschälter und gehackter oder zerdrückter Knoblauch
1 EL Ihres Lieblingshonigs
1 EL grober Senf
2 EL Zitronensaft
5 EL Olivenöl (Extra Vergine)

Alle Zutaten miteinander vermischen.

Pappardelle, Tagliatelle und Taglierini
PASTA

Meine Begeisterung für Pasta wurde im Westminster College geweckt. Beinahe die Hälfte der Studenten waren Stipendiaten vom Kontinent. Und jeder hatte etwas über die Küche seiner Heimat zu erzählen. Zu meinen besten Freunden gehörte Marco, ein netter Kerl mit einer Riesenleidenschaft für Italien, die Kultur, das Essen und ... na klar: Pasta! Ich glaube nicht, dass er es weiß, aber er ist schuld an meiner Besessenheit. Ich habe dann alles über Pasta nachgelesen und mir mein erstes Kochbuch über italienische Nudeln gekauft. Und schon zappelte ich an der Angel! Die Formen, Größen und Farben schienen unbegrenzt und ich wollte unbedingt alles darüber erfahren. Seit damals fasziniert mich die Vielfalt der Pasta – und dabei gehört sie doch zu den Dingen, über die man niemals alles wissen kann. Also probiere ich immer wieder Neues aus und bin offen für nützliche Tipps.

Was Fertigteigwaren anbelangt, nun – was soll ich dazu sagen? Jeder hat sie im Küchenschrank – auch ich – und selbst in Italien verwendet man sie häufig. Abgesehen davon, dass sie praktisch sind, haben diese getrockneten Nudeln einen wunderbaren Biss und passen besonders gut zu Fisch und Meeresfrüchten.

PASTA SELBST HERSTELLEN

Ich würde mir wirklich wünschen, dass Sie das folgende Pastarezept einmal ausprobieren – es geht sehr schnell und einfach und ist etwas, worauf Sie richtig stolz sein werden. Die beiden folgenden Nudelarten mache ich auch selbst zu Hause. Die Zutaten variieren etwas, aber das Verfahren ist dasselbe und Sie können den Teig von Hand, mit dem Handrührgerät oder in der Küchenmaschine zubereiten. Wenn Ihnen der Teig zu feucht oder zu klebrig vorkommt, geben Sie einfach noch etwas Mehl dazu, ist er zu trocken, braucht er noch etwas Ei. Ich mache bewusst immer viel zu viele Nudeln. Dann lasse ich sie trocknen und bewahre sie in luftdicht verschlossenen Behältern auf.

Schnelles Pasta-Grundrezept

4 Portionen

500 g Weizenmehl
5 frische, große Eier aus Freilandhaltung
Mehl zum Bestäuben

Pasta-Spezialrezept

4 Portionen

150 g Weizenmehl
350 g Hartweizengrieß
2 große Eier aus Freilandhaltung
9–10 Eigelbe (von großen Eiern aus Freilandhaltung)
Mehl zum Bestäuben

Verfahren (für beide Rezepte)

Die Herstellung von Pasta muss sich nicht zwangsläufig zu einem Albtraum entwickeln. Sie müssen lediglich Eier und Mehl miteinander vermischen. Die Zugabe von Salz und Öl ist ein weit verbreiteter Lapsus! Das Wichtigste für den maximalen Pastagenuss sind frische Eier aus Freilandhaltung sowie gutes, fein vermahlenes, kräftiges Mehl und Hartweizengrieß. Diese Zutaten werden zu einem glatten, feinen und seidig strukturierten Teig verarbeitet und lange geknetet, um die Struktur des Glutens im Teig zu stärken und ihm Elastizität zu verleihen.

Wenn Sie die Pasta von Hand herstellen, sollten Sie dies entweder auf einer glatten Arbeitsfläche oder in einer Schüssel tun. Der gesamte Vorgang dauert etwa fünf Minuten. Mit einem Handrührgerät oder der Küchenmaschine geht es sogar noch schneller – fix, was?

Herstellung des Teigs

1. Schritt – Mit der Hand Drücken Sie eine Vertiefung in die Mitte des Mehls und geben Sie die Eier (und beim Spezialrezept auch die Eigelbe) hinein. Verrühren Sie die Eier vorsichtig mit einer Gabel und arbeiten Sie dann von

außen her das Mehl ein. Wenn ein halbweicher Teig zu entstehen beginnt, setzen Sie Ihre Hände ein. Sie müssen den Teig etwa 3 Minuten kräftig kneten – so lange, bis er glatt, glänzend und elastisch ist. Dann in Frischhaltefolie wickeln und 1 Stunde im Kühlschrank ruhen lassen.

1. Schritt – Mit dem Handrührgerät Verwenden Sie Knethaken. Geben Sie das Mehl zu den Eiern/Eigelben und vermengen Sie alles bei mittlerer Geschwindigkeit 3 Minuten oder so lange, bis sich ein fester Teig bildet. Nehmen Sie den Teig aus der Schüssel und kneten Sie ihn mit der Hand etwa 1 Minute – so lange, bis er glatt, glänzend und elastisch ist. In Frischhaltefolie wickeln und 1 Stunde im Kühlschrank ruhen lassen.

1. Schritt – In der Küchenmaschine Alle Zutaten hineingeben. Innerhalb von 30 Sekunden sollte die Masse aussehen wie zerkaute Brotkrümel. Noch etwas in der Maschine lassen. Es sollten sich nun größere Teigklumpen bilden. Alles herausnehmen (die Schüssel sollte sauber sein) und mit der Hand 2 Minuten kneten – so lange, bis der Teig glatt, glänzend und elastisch ist. In Frischhaltefolie wickeln und 1 Stunde im Kühlschrank ruhen lassen.

Den Pastateig ausrollen

2. Schritt – Mit dem Nudelholz Den Teig aus dem Kühlschrank nehmen und zwei Kugeln daraus formen. Eine davon zudecken, die andere mit dem Handballen leicht flachdrücken. Streuen Sie ein wenig Mehl auf die saubere Arbeitsfläche und beginnen Sie, den Teig mit dem Nudelholz auszurollen, und zwar immer vom Körper weg. Dann mit Mehl bestäuben und um 90° drehen. Diesen Vorgang wiederholen, bis der Nudelteig sehr dünn ausgerollt ist: etwa 1–2 mm, je nachdem, welche Pastasorte Sie herstellen möchten.

Hilfreich dabei ist ein langes, glattes und möglichst schweres Nudelholz. Sie können beim Ausrollen versuchen, den Teig in eine viereckige Form zu bringen, aber das ist eigentlich gar nicht so wichtig. Ich finde es besser, wenn die Pasta wirklich hausgemacht aussieht – und nicht so perfekt gleichmäßig wie aus der Fabrik.

2. Schritt – Mit der Nudelmaschine Den Teig aus dem Kühlschrank nehmen und in vier Kugeln aufteilen. Drei davon wieder zudecken und nur jeweils eine weiterverarbeiten. Die Kugel mit dem Handballen leicht flachdrücken und den Teig auf der stärksten Einstellungsstufe durch die Nudelmaschine drehen, die ihn zu einer dicken Platte ausrollt. Ich persönlich klappe den Teig in der Mitte zusammen und drehe ihn 3–4 Mal auf der stärksten Einstellungsstufe durch die Maschine. Dadurch füllt die Pasta die Maschine auch seitlich in ihrer ganzen Breite aus. Dann bestäube ich beide Seiten leicht mit Mehl und drehe die Pasta auf einer dünneren Einstellungsstufe durch die Maschine. Das wiederhole ich mit immer feineren Einstellungen, bis die Teigplatten nur noch 1–1,5 mm dick sind. Mit der Maschine kann man den Teig viel dünner ausrollen als von Hand.

So eine Maschine ist wirklich eine gute Investition, sie hält ein Leben lang und es gibt sie schon ab 30 Euro. Wenn Sie den Trick einmal raushaben, können Sie im Handumdrehen jederzeit frische Pasta zaubern.

1. Drehen Sie den Teig auf der stärksten Einstellungsstufe durch die Nudelmaschine.

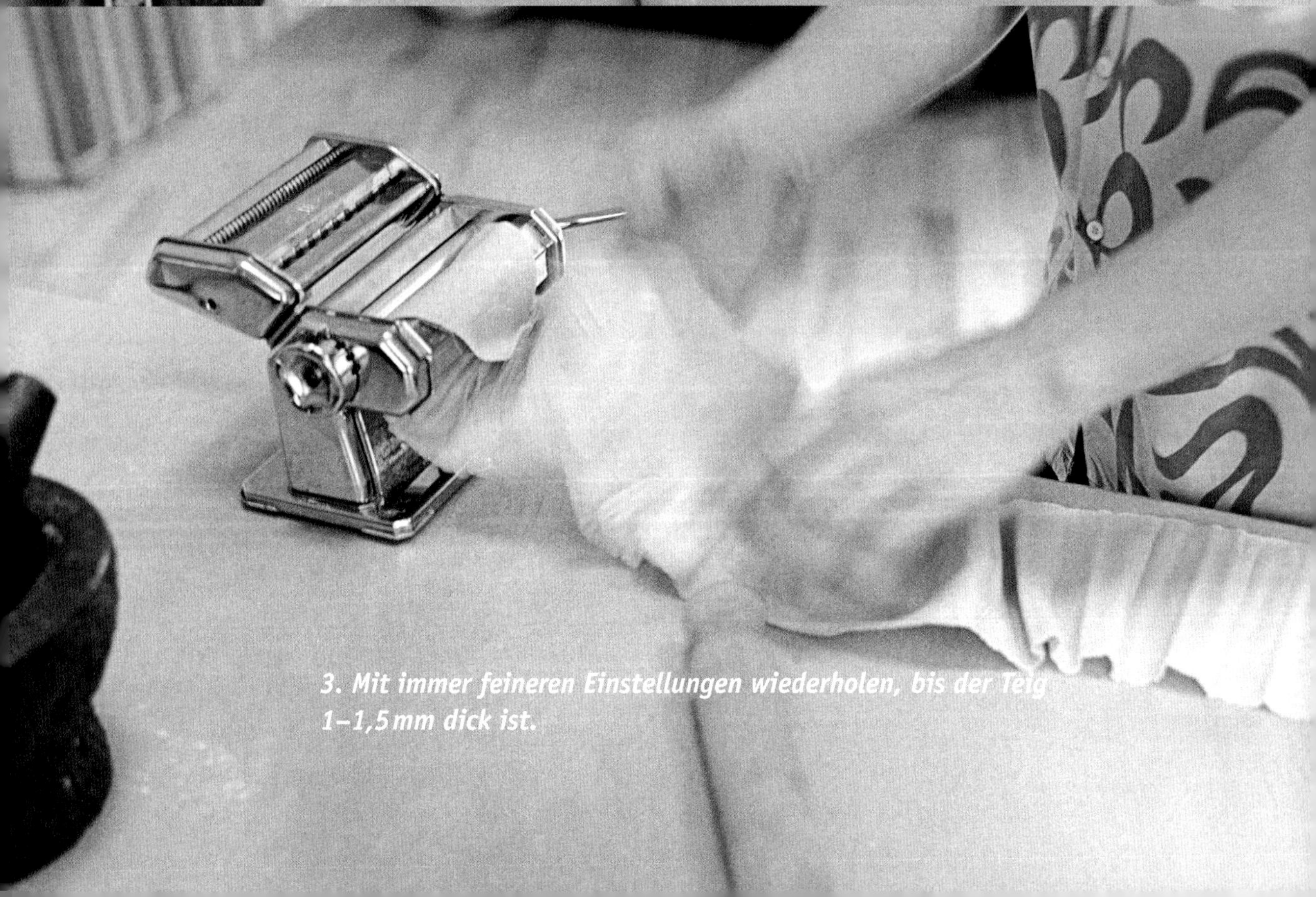

3. Mit immer feineren Einstellungen wiederholen, bis der Teig 1–1,5 mm dick ist.

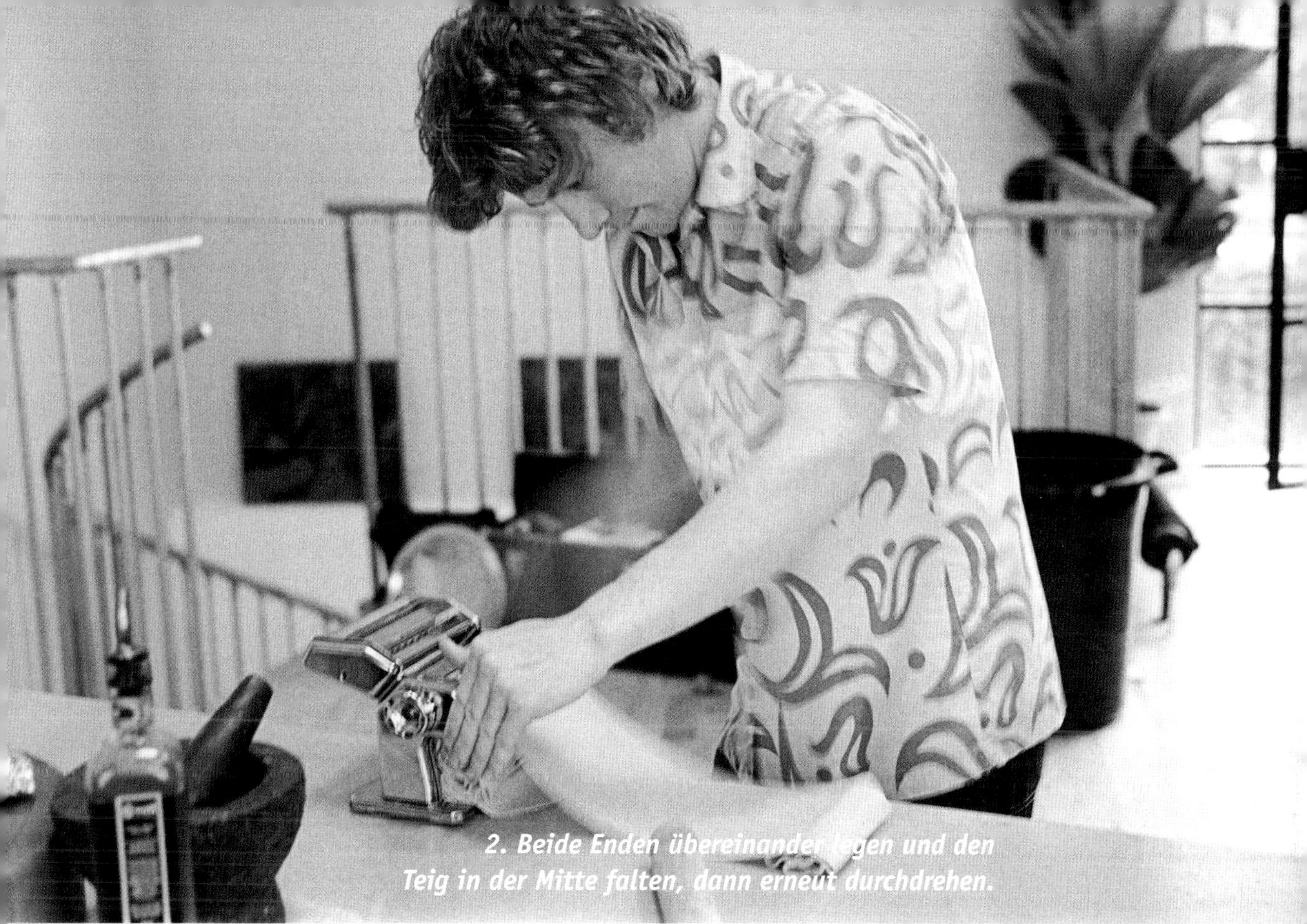

2. Beide Enden übereinander legen und den Teig in der Mitte falten, dann erneut durchdrehen.

4. Mit der Maschine kann man den Teig wesentlich dünner ausrollen als von Hand.

VARIATIONEN (für beide Pastarezepte)

Kräuter-Pasta

Gut vier Hand voll fein gehackte frische Kräuter (eine einzelne Sorte oder eine beliebige Mischung) zugeben und ansonsten nach dem Grundrezept verfahren.

Rote-Bete-Pasta

Endlich habe ich ein Rezept aufgetan, bei dem man vorgekochte Rote Bete verwenden kann. Lassen Sie beim Grundrezept 2 Eier weg und ersetzen Sie diese durch etwa die gleiche Menge geschälte und pürierte Rote Bete. Dann nach dem Rezept fortfahren. Möglicherweise müssen Sie die Mehlmenge entsprechend anpassen, um eine glatte, glänzende und elastische Konsistenz zu erhalten.

Spinat-Pasta

Lassen Sie beim Grundrezept 2 Eier weg. Fügen Sie stattdessen etwa 300 g Spinat hinzu, den Sie vorher blanchiert, ausgedrückt (am besten in einem Küchentuch) und fein gehackt oder püriert haben. Dann nach dem Rezept fortfahren. Möglicherweise müssen Sie die Mehlmenge entsprechend anpassen, um eine glatte, glänzende und elastische Konsistenz zu erhalten.

Pfeffer-Pasta

Fügen Sie 1 gestrichenen EL frisch gemahlenen schwarzen Pfeffer hinzu und verfahren Sie ansonsten nach dem Grundrezept.

PAPPARDELLE, TAGLIATELLE, TAGLIERINI

Soviel ich weiß gehören alle drei zur selben Nudel-Familie. Es sind die Nudeln, die ich zu Hause am häufigsten zubereite. Gewöhnlich rolle ich den Teig für Pappardelle etwas dicker aus (ca. 1½ mm), da es sich dabei um eine robustere Pasta handelt. Tagliatelle und Taglierini rolle ich dagegen nur etwa 1 mm dick aus.

Wenn Sie nach dem Grundrezept vorgegangen sind, sollten jetzt ein paar Nudelteigplatten vor Ihnen liegen. Schneiden Sie diese in etwa 20 cm lange Stücke und kümmern Sie sich dabei nicht darum, ob die Ränder oder Ecken gleichmäßig sind. Bestäuben Sie die Stücke auf beiden Seiten großzügig mit Grießmehl oder Mehl und rollen Sie sie wie eine Roulade zusammen.

Wenn Sie eine Nudelmaschine verwenden, können Sie die Platten auch durch die entsprechenden Schneidewalzen drehen. Ich persönlich schneide die Stücke allerdings lieber mit der Hand zu, dann sind sie nicht zu perfekt.

Pappardelle

Jede Rolle in ca. 4 cm breite Streifen schneiden.

Tagliatelle

Jede Rolle in ca. 2 cm breite Streifen schneiden.

Taglierini

Jede Rolle in ca. 1 cm breite Streifen schneiden.

Wenn Sie die Pastarollen auf die gewünschte Breite zugeschnitten haben, schütteln Sie sie leicht, um die einzelnen Nudeln zu lösen und überschüssiges Mehl zu entfernen. Dann portionsweise in Nestern auf ein Tablett legen. Die Pasta kann sofort gekocht werden. Wenn Sie sie mit einem feuchten Küchentuch zudecken, bleibt sie 3–4 Stunden frisch. Sie können sie aber auch 3–4 Stunden lang trocknen lassen und dann mindestens 2 Monate in luftdicht verschlossenen Behältern aufbewahren.

Pappardelle mit einer Sauce aus getrockneten Steinpilzen, Thymian, Tomaten und Mascarpone

Durch getrocknete Steinpilze und Thymian wird aus einer einfachen Tomatensauce ein sensationelles Geschmackserlebnis.

4 Portionen
60g getrocknete Steinpilze
1 EL Olivenöl
1 Knoblauchzehe, geschält und fein gehackt
gut 1 Hand voll Thymian, die Blätter abgezupft
¾ des Rezepts für Tomatensauce (siehe Seite 237)
2 EL Mascarpone
Salz und frisch gemahlener schwarzer Pfeffer
500g Pappardelle (siehe Grundrezept für Pasta, Seite 47)
frisch geriebener Parmesan

Getrocknete Steinpilze bekommen Sie im Supermarkt oder beim Gemüsehändler. Kaufen Sie Pilze, die gut aussehen und eine schöne Form haben; lassen Sie die Finger von Packungen mit zerbröselten Pilzen. Geben Sie die getrockneten Pilze in eine kleine Schüssel und gießen Sie ca. 300ml kochendes Wasser darüber, so dass alle Pilze bedeckt sind, und lassen Sie sie 10–15 Minuten stehen.

Olivenöl und Knoblauch in einen nicht zu heißen Topf mit dickem Boden geben und andunsten, ohne dass der Knoblauch Farbe annimmt. Die eingeweichten Steinpilze aus dem Wasser nehmen (das Wasser nicht weggießen!), gut abtropfen lassen und zusammen mit dem Thymian in den Topf geben (Achtung! Das spritzt ein bisschen). Unter Rühren andünsten. Wenn der Knoblauch Farbe bekommt, vorsichtig etwas von der Einweichflüssigkeit der Pilze zugießen (den Bodensatz nicht verwenden, denn er kann Schmutz enthalten, deshalb nur die oberen drei Viertel der Flüssigkeit vorsichtig in den Topf gießen und den Rest wegschütten). Die Pilze langsam verkochen lassen, bis fast nichts mehr übrig ist, und dann die Tomatensauce dazugeben (eine super Sauce, ziemlich kräftig und mit einem leicht rauchigen Aroma). Nun noch den Mascarpone zufügen und mit Salz und Pfeffer abschmecken.

Inzwischen die Pappardelle in siedendem Salzwasser al dente kochen. In die Sauce geben und darin schwenken. Mit geriebenem Parmesan bestreuen und sofort servieren.

Pappardelle mit gemischten Wildpilzen

Heute gibt es selbst im Supermarkt eine immer größere Auswahl an Wildpilzen. Leider werden sie nicht immer so gelagert und angeboten, wie das meiner Ansicht nach der Fall sein sollte. Ich mag keine »schwitzenden« Pilze unter Plastikfolie! Obwohl ich selbst Koch bin, bin ich immer wieder erstaunt, dass man das ganze Jahr über Ritterlinge, Maronenpilze, Pfifferlinge, Totentrompeten, Shiitake-Pilze, Egerlinge, Feldchampignons und Austernpilze kaufen kann – die Auswahl ist ziemlich groß. Für Vegetarier können Pilze ein überaus interessanter und gehaltvoller Teil der Ernährung sein und sogar als Fleischersatz dienen.

4 Portionen
250–300 g Pilze (sicherheitshalber ca. 400 g kaufen, da beim Putzen immer ein Teil verloren geht)
3 EL Olivenöl
1 Knoblauchzehe, geschält und fein gehackt
1–2 kleine getrocknete rote Chilischoten, zerstoßen oder sehr fein gehackt
Salz und frisch gemahlener schwarzer Pfeffer
Saft von ½ Zitrone
500 g Pappardelle (siehe Grundrezept für Pasta, Seite 47)
eine kleine Hand voll frisch geriebener Parmesan
1 Hand voll frische Petersilie, grob gehackt
60 g Butter

Die Pilze mit einem Küchenpinsel oder einem Küchentuch säubern und in dünne Scheiben schneiden, Pfifferlinge und ähnliche Pilze der Länge nach halbieren. Das Olivenöl in eine sehr heiße Bratpfanne geben und die Pilze hinzufügen. Anbraten, dabei ein- oder zweimal wenden, dann Knoblauch, Chili und eine Prise Salz zugeben (Pilze immer vorsichtig würzen, damit sich ihr Eigengeschmack entfalten kann). Die Pilze weitere 4–5 Minuten braten und dabei regelmäßig wenden. Vom Herd nehmen und den Zitronensaft darüber träufeln. Mischen und nach Belieben abschmecken.

Inzwischen die Pasta in siedendem Salzwasser al dente kochen. Mit dem Parmesan, der Petersilie und der Butter zu den Pilzen geben. Vorsichtig unterheben, so dass sich die Nudeln mit den Pilzen vermischen. Auf Tellern verteilen (alle Pilzstückchen aus dem Topf kratzen), mit Petersilie und Parmesan bestreuen und servieren.

Pappardelle mit jungem Lauch und Mascarpone

Kaufen Sie mittelgroße oder kleine Lauchstangen. Die sind meist weicher und schmecken außerdem süßlicher.

4 Portionen

1 TL Butter

1 EL Olivenöl

4 mittelgroße Lauchstangen, geputzt, gewaschen und in Ringe geschnitten

1 Knoblauchzehe, geschält und fein gehackt

Salz und frisch gemahlener schwarzer Pfeffer

200 g Mascarpone

500 g Pappardelle (siehe Grundrezept für Pasta, Seite 47)

1 Hand voll frisch geriebener Parmesan

Butter und Olivenöl in einen nicht zu heißen Topf mit dickem Boden geben, Lauch, Knoblauch und eine Prise Salz zufügen und zugedeckt 10–15 Minuten leicht andünsten, bis der Lauch weich und süßlich ist; er darf jedoch keine Farbe annehmen. Mascarpone zugeben und schmelzen lassen, bis eine dickliche Sauce entsteht. Mit Salz und Pfeffer abschmecken.

Inzwischen die Pasta in siedendem Salzwasser al dente kochen. Vorsichtig in der Sauce schwenken (falls diese zu dick erscheint, kann man sie mit etwas Nudelwasser verdünnen). Die Pappardelle sollten vollständig von der Sauce überzogen sein. Großzügig mit Parmesan bestreut servieren.

Tagliatelle mit jungen Zucchini, Zitrone und Basilikum

Ein leichtes und feines Pastagericht, das mit sehr festen jungen Zucchini, die nur ganz kurz gekocht werden müssen, im Handumdrehen zubereitet ist. Die Zucchini sollten in möglichst dünne, aber ungleichmäßige Scheiben geschnitten werden. Große, dicke Zucchini, die innen ganz weich sind, können Sie für dieses Rezept nicht verwenden.

4 Portionen
4 EL Olivenöl
1 Knoblauchzehe, geschält und fein gehackt
8–10 kleine, sehr feste Zucchini
Saft von 1 Zitrone
gut 1 Hand voll frisches Basilikum, die Blätter abgezupft
500g Tagliatelle (siehe Grundrezept für Pasta, Seite 47)
Salz und frisch gemahlener schwarzer Pfeffer
100g frisch geriebener Parmesan

Olivenöl und Knoblauch in einem nicht zu heißen Topf mit dickem Boden etwa 30 Sekunden andünsten, der Knoblauch darf dabei aber keine Farbe annehmen. Die Zucchini zufügen und vorsichtig schwenken. Nach ca. 2 Minuten den Zitronensaft darüber träufeln, das Basilikum zugeben und noch etwas weiterdünsten.

Inzwischen die Tagliatellle in siedendem Salzwasser al dente kochen. Mit den Zucchini vermischen, nach Belieben würzen und den Parmesan zugeben. Möglicherweise ist zur Auflockerung etwas Olivenöl nötig. Mit ein paar zerpflückten Basilikumblättern und mit etwas Parmesan bestreut servieren.

Rote-Bete-Tagliatelle mit Pesto, Miesmuscheln und Weißwein

Dieses Rezept habe ich von einem italienischen Freund, der in Florenz lebt. Es bietet nicht nur eine interessante Farbkombination – Miesmuscheln und Pesto passen auch geschmacklich erstaunlich gut zusammen. Es lohnt sich sehr, dieses Pastagericht auszuprobieren – außerdem ist es im Handumdrehen zubereitet.

4 Portionen
3 EL Olivenöl
500 g frische Miesmuscheln (gewaschen, abgebürstet und die Bärte entfernt)
1 Knoblauchzehe, geschält und in feine Scheiben geschnitten
150 ml trockener Weißwein
1 TL Butter
gut 2 Hand voll glatte Petersilie, grob gehackt
500 g Rote-Bete-Tagliatelle (siehe Grundrezept für Pasta und Variationen, Seite 47 und 53)
Salz und frisch gemahlener schwarzer Pfeffer
Pesto (siehe Seite 232)

Das Olivenöl in einen sehr heißen, hohen Topf mit dickem Boden geben und sofort die Muscheln und den Knoblauch zufügen. Zudecken und den Topf ca. 20 Sekunden kräftig rütteln – der Inhalt zischt gewaltig. Dann den Weißwein angießen. Wieder zudecken und 1–2 Minuten bei hoher Temperatur stehen lassen. Dadurch werden die Muscheln gedämpft und öffnen sich (alle ungeöffneten Muscheln müssen aussortiert werden). Butter und Petersilie zufügen und den Topf von der Kochstelle nehmen.

Inzwischen die Rote-Bete-Tagliatelle in siedendem Salzwasser al dente kochen. Tagliatelle und Muscheln vorsichtig vermischen, dann mit Salz und Pfeffer abschmecken, einen großzügig bemessenen Löffel Pesto darüber geben und servieren.

Tagliatelle mit Erbsen, dicken Bohnen, Sahne und Parmesan

4 Portionen
150 g frische Erbsen
150 g dicke Bohnen, möglichst frisch
2 EL Olivenöl
1 Knoblauchzehe, geschält und in Scheiben geschnitten
200 ml Sahne
1 kleine Hand voll Minze
150 g Parmesan
Salz und frisch gemahlener schwarzer Pfeffer
500 g Tagliatelle (siehe Grundrezept für Pasta, Seite 47)

Zuerst die Erbsen und die dicken Bohnen aus den Schoten lösen. Junge Erbsen brauchen Sie nicht zu blanchieren. Harte Erbsen sollten Sie allerdings in ungesalzenem, kochendem Wasser so lange blanchieren, bis sie weich sind. Dasselbe gilt für die Bohnen. Wenn die Schale der größeren Bohnen zu dick ist, entfernen Sie sie nach dem Blanchieren. Die Hälfte der Erbsen und dicken Bohnen zerdrücken, hacken oder in der Küchenmaschine zerkleinern, bis eine einigermaßen gleichmäßige Paste entstanden ist.

Olivenöl und Knoblauch in einen nicht zu heißen Topf mit dickem Boden geben. Kurz andünsten, ohne dass der Knoblauch Farbe annimmt, dann den Erbsen- und Dicke-Bohnen-Brei zufügen. Eine Minute durchschwenken, dann die Sahne und die restlichen Erbsen und dicken Bohnen in den Topf geben. Die Minze einrühren und etwas köcheln lassen. Die Hälfte des Parmesans einstreuen und mit Salz und Pfeffer abschmecken.

Inzwischen die Tagliatelle in siedendem Salzwasser al dente kochen und in die Sauce geben; sie sollte die Nudeln gerade bedecken. Etwas geriebenen Parmesan darüber streuen und servieren.

Gebutterte Taglierini mit scharf angebratenen Kammmuscheln, Weißwein, Chili und Petersilie

Die Zubereitung dieses Rezepts dauert nur wenige Minuten. Bereiten Sie alles vor, ehe Sie beginnen, und achten Sie darauf, dass Sie die Muscheln nicht zu stark anbraten.

4 Portionen

12 Kammmuscheln (ersatzweise Jakobsmuscheln), geputzt, ausgelöst und nach Belieben mit oder ohne Rogen (Corail)
1 EL Olivenöl
1 Knoblauchzehe, geschält und fein gehackt
2 mittlere/große frische rote Chilischoten, entkernt und fein gehackt
2 Gläser Weißwein
500 g Taglierini (siehe Grundrezept für Pasta, Seite 47)
gut 1 Hand voll glatte Petersilie, grob gehackt
ca. 75 g Butter
Salz und frisch gemahlener schwarzer Pfeffer

Die Muscheln mit der flachen Seite auf ein Brett legen und in der Mitte durchschneiden. Das Olivenöl in einen heißen Topf geben, Muscheln, Knoblauch und Chili zufügen – das Ganze wird sofort brutzelnd anbraten. Sobald die Muscheln auf einer Seite angebräunt sind, den Wein angießen und etwas einkochen lassen.

Inzwischen die Taglierini in siedendem Salzwasser al dente kochen. Die Pasta mit der Petersilie und Butter zu den Muscheln geben und von der Kochstelle nehmen. Vermischen, mit Salz und Pfeffer abschmecken und servieren.

Taglierini mit Streifenbarbenfilets, sonnengetrockneten Tomaten, Chili, Petersilie und schwarzen Oliven

4 Portionen

6 EL Olivenöl
4 Fischfilets (Streifenbarbe, Wolfsbarsch oder Dorade; je ca. 200g), ohne Haut und Gräten
2 mittlere/große frische rote Chilischoten, entkernt und in feine Scheiben geschnitten
1 Knoblauchzehe, geschält und in feine Scheiben geschnitten
1 Hand voll sonnengetrocknete Tomaten, in grobe Streifen geschnitten
gut 1 Hand voll schwarze Oliven
1 Glas Weißwein
500g Taglierini (siehe Grundrezept für Pasta, Seite 47)
Salz und frisch gemahlener schwarzer Pfeffer
gut 1 Hand voll glatte Petersilie, sehr fein gehackt
etwas kalt gepresstes Olivenöl

Das Olivenöl in einen nicht zu heißen Topf mit dickem Boden geben und die Streifenbarbenfilets mit der Hautseite nach oben hineinlegen. Chili, Knoblauch, die sonnengetrockneten Tomaten und Oliven darüber streuen. 2 Minuten leicht andünsten, so dass der Knoblauch keine Farbe annimmt. Dann den Weißwein angießen, Topf zudecken und 3 Minuten köcheln.

Inzwischen die Taglierini in siedendem Salzwasser al dente kochen. Die Streifenbarben auf eine Seite schieben und den Topf leicht neigen, so dass sich die wunderbaren Kochsäfte auf der anderen Seite sammeln. Darin die Taglierini schwenken. Dann mit Salz und Pfeffer abschmecken und den größten Teil der Petersilie dazugeben. Den Fisch vorsichtig in kleinere Stücke zerteilen und unter die Nudeln heben. Vor dem Servieren noch mit der restlichen Petersilie bestreuen und einen Schuss kalt gepresstes Olivenöl darüber träufeln.

RAVIOLI

Für viele Leute waren und sind Ravioli bis heute lediglich mit Hackfleisch gefüllte Teigwaren, die in Tomatensauce schwimmen – ein rascher Imbiss für Zwischendurch. Ravioli sind aber viel mehr als das – ganz spezielle und sinnliche kleine Dinger, winzige Überraschungspakete, die aber auch halten sollten, was sie versprechen. Damit will ich sagen: Wenn man sich schon all die Mühe mit der Herstellung eines Pastateigs macht, dann muss man auch für eine supergute, frische Füllung sorgen. Ravioli gibt es in einer großen Vielfalt – ihr Geschmack kann kräftig, leicht oder auch ganz zart sein. Seien Sie wählerisch und verwenden Sie nur die besten saisonalen Zutaten. In Italien gelten Ravioli als Delikatesse. Es gibt Regionen, Städte, Dörfer und Restaurants, die für bestimmte Formen und Größen berühmt sind.

Am wichtigsten ist, dass die Ravioli *vollständig* verschlossen werden. Wenn die Ränder nicht versiegelt sind oder Risse im Teig auftreten (manche Füllungen sind relativ schwer zu umhüllen und zu verschließen), tritt kochendes Wasser ein und verdirbt die ganze leckere Füllung.

Die Herstellung von Ravioli

Rollen Sie mehrere Teigplatten ca. 1 mm dick aus und stellen Sie jeweils 4–5 Ravioli gleichzeitig her. Die anderen Teigplatten inzwischen mit einem feuchten Tuch zudecken. Ich mache meine Ravioli normalerweise 7 x 7 cm groß – in der Nudelmaschine hergestellte Teigstreifen sind meist ca. 10 cm breit, so dass genügend Teigmasse vorhanden ist, um den Teig zuzuschneiden und die Füllung gut zu verschließen. Die Teigstreifen auf einer gut bemehlten Arbeitsfläche auslegen. An einem Ende beginnend jeweils im Abstand von 5 cm in die Teigmitte einen gut gehäuften Teelöffel der Füllung setzen und mit einem sauberen Küchenpinsel die Zwischenräume *leicht* mit Wasser bepinseln. Das Wasser bewirkt, dass der Teig zusammenklebt. Machen Sie das sorgfältig, sonst sind die Ravioli nicht richtig verschlossen. Dann eine zweite, gleich große Teigplatte darüber legen.

Den Teig vorsichtig mit dem Daumen oder der Handfläche entlang der (von Ihnen aus gesehen) hinteren Längsseite festdrücken. Beginnen Sie an einer Seite und schieben Sie den Teig mit der Handkante zusammen; dann die Füllung mit der Handkante und den Fingern umfassen, bis sie schließlich mit der zum Becher geformten Hand auch die andere Seite der Füllung sanft festgedrückt haben. (Das mag vielleicht kompliziert klingen, ist es aber nicht; es dauert nur Sekunden und ist eine sehr effiziente Methode, um die gesamte Luft herauszudrücken und sicherzustellen, dass die Ravioli fest versiegelt werden.) Beim gesamten Teigstreifen so verfahren und darauf achten, dass er nicht an der Arbeitsfläche festklebt. Dann die Ravioli mit einem Messer oder einem Teigrädchen ausschneiden.

Die fertigen Ravioli können sofort 3–4 Minuten in *leicht* sprudelndem Salzwasser gekocht werden. Wenn man sie erst später essen möchte, kann man sie 3–4 Stunden auf einem großzügig mit Mehl bestreuten Tablett im Kühlschrank aufbewahren.

Ravioli mit einer Füllung aus Parmaschinken, sonnengetrockneten Tomaten, Basilikum und Mozzarella

Selbst auf die Gefahr hin, dass diese Kombination zu banal erscheint: Sie ist schnell zubereitet und schmeckt wirklich gut. Das Geheimnis liegt, wie üblich, in der Verwendung guter Zutaten, vor allem von frischem Mozzarella.

4 Portionen

1 Hand voll fein geriebener Parmesan
gut 1 Hand voll frisches Basilikum, die Blätter abgezupft und zerpflückt
12 sonnengetrocknete Tomaten, grob gehackt
2 Kugeln (je 200 g) Mozzarella aus Büffelmilch, grob gewürfelt
Salz und frisch gemahlener schwarzer Pfeffer
10 große Scheiben Parma-Schinken (oder anderer luftgetrockneter Schinken), ohne Fett
500 g Pastateig (siehe Grundrezept, Seite 47)
Olivenöl (Extra Vergine)
etwas Basilikum und Parmesan zum Servieren

Parmesan, Basilikum, sonnengetrocknete Tomaten und Mozzarella mischen, mit Salz und Pfeffer abschmecken. Die Schinkenscheiben halbieren. Jeweils 1 gehäuften TL der Füllung an das eine Ende eines Schinkenstücks setzen, dann die Seiten nach innen klappen und zusammenrollen. Mit der gesamten Füllung und allen Schinkenstücken so verfahren. Die Ravioli füllen (siehe linke Seite) und diese in leicht sprudelndem Salzwasser 3–4 Minuten garen. Abgießen.

Vor dem Servieren mit Olivenöl beträufeln und schwarzen Pfeffer, frisch geriebenen Parmesan und zerpflücktes Basilikum darüber streuen.

Ravioli mit Borretsch, Brennnessel, Majoran und frischem Ricotta

Wenn man junge Borretsch- und Brennnesselblätter (und dazu noch ein paar Ringelblumen – lecker!) abzupft, wäscht und in siedendes Salzwasser gibt, fühlen sie sich wie Spinat an, behalten jedoch ihre Form und Struktur größtenteils bei. Gehackte Brennnesselblätter, mit Majoran und Knoblauch in Butter angebraten, schmecken absolut fantastisch.

4–6 Portionen

gut 2 Hand voll junge Brennnesselblätter
gut 2 Hand voll junge Borretschblätter
2 EL Olivenöl
1 EL Butter
1 Knoblauchzehe, geschält und gehackt
1 Hand voll frischer Majoran, die Blätter abgezupft
Salz und frisch gemahlener schwarzer Pfeffer
frisch geriebene Muskatnuss (nach Belieben)
400g Ricotta
100g Parmesan
500g Pastateig (siehe Grundrezept, Seite 47)
etwas Butter und Parmesan zum Servieren

Die Brennnessel- und Borretschblätter sorgfältig abzupfen, waschen und 30 Sekunden in siedendes Salzwasser geben. Dadurch erschlaffen die Blätter und die Brennhaare verlieren ihre Kraft (Sie dürfen die Blätter aber keinesfalls zu lang im Wasser lassen!). In einem Sieb abgießen und in einem Küchentuch das überschüssige Wasser ausdrücken. Grob hacken und mit Olivenöl, Butter, Knoblauch und Majoran in einen nicht zu heißen Topf mit dickem Boden geben. Leicht dünsten, mit Salz und Pfeffer abschmecken und nach Belieben Muskatnuss zufügen. Wenn nach wenigen Minuten ein würziges Aroma aufsteigt, den Topf von der Kochstelle nehmen und abkühlen lassen.

Zu den abgekühlten Brennnessel- und Borretschblättern den Ricotta geben, die restlichen Gewürze und nach Belieben Parmesan zufügen und vorsichtig vermischen. Die Ravioli füllen (siehe Seite 65) und in siedendem Salzwasser 3–4 Minuten garen. Pro Person 3–4 Ravioli mit etwas Butter und geriebenem Parmesan servieren. Ich zupfe die blasslila Borretschblüten ab, brate sie in geklärter Butter (siehe Seite 227) knusprig und verteile sie vor dem Servieren über der Pasta.

Ravioli mit zerdrückten dicken Bohnen, Minze und Ricotta

6 Portionen

250g dicke Bohnen, zusätzlich einige Bohnen zum Servieren
1 kleine Hand voll Minze, die Blätter abgezupft und gehackt
1 EL Olivenöl
150g Ricotta
1 Hand voll geriebener Parmesan (nach Belieben)
Saft von 1 Zitrone
Salz und frisch gemahlener schwarzer Pfeffer
500g Pastateig (siehe Grundrezept, Seite 47)
etwas gehackte Minze, Olivenöl und Parmesan extra zum Servieren

Wenn die dicken Bohnen sehr jung und zart sind, kann man sie roh verwenden. Mittlere bis große Bohnen sollten Sie in siedendem Wasser ohne Salzzugabe blanchieren, bis sie weich sind (harte Schalen nach dem Blanchieren entfernen). Die eine Hälfte der Bohnen zerdrücken oder fein hacken, die andere ganz lassen.

Alle Bohnen mit der gehackten Minze (in beliebiger Menge), dem Olivenöl und Ricotta in eine Schüssel geben. Mit einer Gabel vermischen, Parmesan und Zitronensaft zufügen, mit Salz und Pfeffer abschmecken. Die Ravioli damit füllen (siehe Seite 65) und in siedendem Salzwasser 3–4 Minuten gar kochen. Vorsichtig abgießen.

Zum Servieren mit Olivenöl beträufeln, die Extra-Bohnen darüber verteilen und mit gehackter Minze und frisch geriebenem Parmesan bestreuen.

Ravioli mit Kartoffeln, Brunnenkresse und zwei Käsesorten

Mit zwei kontrastierenden Käsesorten, zum Beispiel einem kräftigen Gorgonzola oder weichen Taleggio und einem Hartkäse wie Pecorino oder Parmesan, schmeckt dieses Gericht besonders lecker.

4–6 Portionen
600 g mehlig kochende Kartoffeln (z.B. Desirée oder Bintje)
4 Knoblauchzehen, geschält
Salz und frisch gemahlener schwarzer Pfeffer
60 g Butter
150 g Käse (zwei Sorten, siehe oben)
geriebene Muskatnuss (nach Belieben)
2–3 Hand voll Brunnenkresse, ohne die größeren Stiele
500 g Pastateig (siehe Grundrezept, Seite 47)
etwas Olivenöl oder Butter, Käse und Brunnenkresse zum Servieren

Die gewaschenen und geschälten Kartoffeln zusammen mit dem Knoblauch in stark gesalzenes, siedendes Wasser geben und kochen, bis sie gerade gar sind (sie dürfen weder zu kurz noch zu lange gekocht werden). Abgießen und ca. 5 Minuten abtropfen lassen, damit das überschüssige Wasser verdampfen kann. (Wenn man die Kartoffeln zu lange kocht oder nicht lange genug abtropfen lässt, sind sie zu feucht und die Füllung wird zu nass.)

Wenn die Kartoffeln etwas abgekühlt sind, die Butter und den Käse dazugeben. Alles vermischen und die Kartoffeln mit einer Gabel zerdrücken (ich persönlich lasse die Mischung leicht klumpig). Die Muskatnuss darüber reiben und mit Salz und Pfeffer abschmecken. Die zur Hälfte fein und zur Hälfte grob gehackte Brunnenkresse einrühren. Die Ravioli mit jeweils 1 gut gehäuften TL dieser Mischung füllen und in siedendem Salzwasser etwa 3–4 Minuten kochen, bis sie gar sind.

Zum Servieren etwas Olivenöl oder Butter darauf geben, eine Extraportion der gewählten Käsesorten darüber reiben und mit Brunnenkresse bestreuen.

TORTELLINI

Tortellini kann man beispielsweise in Kräuterbutter schwenken oder in Salate geben. Sie sind weitaus robuster als Ravioli und können in mehr Gerichte integriert werden.

Die Herstellung von Tortellini

Rollen Sie mehrere Nudelteigplatten ca. 1 mm dick aus und schneiden Sie den Teig mit einem scharfen Messer in gleich große Quadrate oder Kreise (Durchmesser ca. 10 cm). Sie können das mit allen Teigplatten machen oder portionsweise vorgehen und die restlichen Platten inzwischen mit einem feuchten Tuch abdecken. Geben Sie gut 1 TL Füllung nicht ganz genau in die Mitte eines Teigstücks und bestreichen Sie die Ränder mit einem sauberen Küchenpinsel gleichmäßig mit Wasser. Klappen Sie den Teig in der Mitte zusammen, so dass die Füllung komplett eingehüllt ist. Wenn die einzelnen Tortellini etwas ungleichmäßig sind, macht das nichts. Um die Luft entweichen zu lassen und sicherzustellen, dass die Tortellini fest verschlossen sind, sollten Sie Ihre zum Becher geformte Hand um die Füllung legen und vorsichtig die ganze Luft herausdrücken. Pressen Sie das noch offene Teigende vorsichtig zusammen, so dass der Teig völlig versiegelt ist. (Wenn die Tortellini Risse oder Öffnungen haben, platzen sie beim Kochen auf; in so einem Fall die Füllung entfernen und nochmal von vorn beginnen.) Die beiden »Zipfel« nach innen falten und zusammendrücken. Die Tortellini können nun sofort gekocht werden, normalerweise genügen 3–4 Minuten in leicht siedendem Salzwasser. Sie können sie aber auch 3–4 Stunden auf einem mit Mehl bestäubten Tablett im Kühlschrank aufbewahren.

Tortellini mit gemischtem Käse und Basilikum in einer frischen, deftigen Tomatensauce

Zu den übelsten Tortellini, die ich je probiert habe, gehören die mit einer Füllung aus verschiedenen Käsesorten. Ich muss allerdings gestehen, dass sie aus dem Supermarkt oder unsäglichen Feinkostläden stammten und mit Käseresten oder gummiartigem billigen Käse gefüllt waren. Dieses Tortellinirezept hier ist dagegen wirklich fantastisch, weil man die Käsesorten ganz nach persönlichem Gusto auswählen und aufeinander abstimmen kann. Probieren Sie so lange verschiedene Kombinationen aus kräftigen und sahnigen Käsesorten, bis sie eine gefunden haben, die Ihnen richtig schmeckt. Behalten Sie dabei im Hinterkopf, dass Käse beim Erhitzen zerläuft und manche Sorten, etwa Fontina, bessere Schmelzeigenschaften besitzen als andere. Die frische Tomatensauce ist super, denn sie sorgt nicht nur für eine Menge Geschmack, sondern schafft auch einen angenehmen Ausgleich zu dem Fett, das im Käse enthalten ist.

4–6 Portionen
50 g Fontina oder anderer milder, vollfetter Schnittkäse
50 g Pecorino
50 g Parmesan
50 g Ricotta
gut 2 Hand voll frisches Basilikum, die Blätter abgezupft
Salz und frisch gemahlener schwarzer Pfeffer
500 g Pastateig (siehe Grundrezept, Seite 47)
1 x das Grundrezept für Tomatensauce (siehe Seite 237)
Olivenöl und Parmesan

Die verschiedenen Käsesorten reiben oder fein hacken und mit drei Vierteln der zerpflückten Basilikumblätter in eine Schüssel geben. Wenn Sie einen bindenden Käse, etwa Ricotta, in die Mischung geben, trägt er zur Kompaktheit der Füllung bei. Mit etwas Pfeffer würzen. Die Tortellini füllen (siehe Seite 72) und 3–4 Minuten in siedendem Salzwasser kochen, bis sie gar sind. Wenn Sie sich alle Zutaten vorher zurechtgelegt haben, dauert das Kochen der Tomatensauce nicht länger als das Garen der Tortellini. Die Tortellini abgießen, die Tomatensauce zugeben und durchmischen. Die restlichen frischen Basilikumblätter darüber geben und erneut durchschwenken.

Mit etwas Olivenöl und Parmesan servieren.

Tortellini mit pikanter Kürbis-Basilikum-Ricottafüllung und knusprig gebratenen Kräutern

4–6 Portionen

1 x das Kürbisrezept von Seite 148

gut 2 Hand voll frisches Basilikum, die Blätter abgezupft und grob gehackt

250g Ricotta (der beste, den Sie kriegen können)

1–2 Hand voll geriebener Parmesan (nach Belieben)

Salz und frisch gemahlener schwarzer Pfeffer

500g Pastateig (siehe Grundrezept, Seite 47)

2 Hand voll frische gemischte Kräuter (Salbei, Thymian, Majoran)

Den gebackenen Kürbis in zwei Hälften teilen; die eine Hälfte fein und die andere nur grob hacken (die Haut sollte, je nach Kürbisart, entfernt werden; wenn sie schön weich wird, mag ich persönlich sie sehr gerne). Alle Kürbisstücke mit dem Basilikum, dem Ricotta und dem größten Teil des Parmesans in eine Schüssel geben. Mit einer Gabel gut vermischen, mit Salz und Pfeffer abschmecken. Die Tortellini damit füllen (siehe Seite 72) und in siedendem Salzwasser 3–4 Minuten garen.

Die gemischten Kräuter in etwas Butter, geklärter Butter (siehe Seite 227) oder Olivenöl knusprig braten und über die Tortellini verteilen. Mit etwas extra Parmesan bestreuen und servieren.

Tortellini mit einer Spargel-Minze-Ricottafüllung, Spargelspitzen und Butter

Ein klasse Gericht! Manche Leute machen ja den Fehler und schneiden den Spargel sehr weit oben ab, so dass ein großer Teil der Stange verloren geht. Bei diesem Gericht wird der Spargel jedoch komplett verwendet.

4–6 Portionen
ca. 2½ Bund grüner Spargel (insgesamt ca. 1,2 kg)
Olivenöl
100 g Butter
1 Knoblauchzehe, geschält und fein gehackt
Salz und frisch gemahlener schwarzer Pfeffer
400 g Ricotta
gut 1½ Hand voll frische Minze, fein gehackt
100 g Parmesan
500 g Pastateig (siehe Grundrezept, Seite 47)
Parmesan zum Servieren

Zunächst muss der Spargel gewaschen werden. Die Spitzen abschneiden (ca. 6 cm) und beiseite legen. Sorgfältig alle faserigen Teile von den Stangen abschälen und wegwerfen. Dann die Stangen in feine Scheiben schneiden und mit etwas Olivenöl, ein wenig von der Butter und dem gesamten Knoblauch leicht sautieren. Wenn der Spargel gar oder sogar schon ein wenig verkocht ist, etwas salzen und pfeffern. Abkühlen lassen.

Den gekochten Spargel nach dem Abkühlen mit dem Ricotta, drei Vierteln der Minze und dem Parmesan in eine Schüssel geben. Alles miteinander vermischen und mit Salz und Pfeffer abschmecken. Die Tortellini füllen (siehe Seite 72) und 3–4 Minuten in siedendem Salzwasser garen. In der Zwischenzeit die Spargelspitzen in siedendes Wasser geben und kochen, bis sie zart sind. Dann die Spitzen in einer Schüssel mit etwas Salz und der restlichen Butter schwenken und über die Tortellini verteilen.

Schmeckt besonders gut, wenn man noch etwas Parmesan darüber reibt und – ganz nach Belieben – die restliche gehackte Minze darauf verteilt.

Spinat-Tortellini mit einer Füllung aus Ricotta, Sommerkräutern und Parmesan

4–6 Portionen

400g frischer Ricotta (der beste, den Sie kriegen können)
¼ Knoblauchzehe, geschält
½ getrocknete rote Chilischote
Salz und frisch gemahlener schwarzer Pfeffer
4 große Hand voll frisches Basilikum, die Blätter abgezupft und fein gehackt
2 Hand voll frischer Majoran oder Oregano, die Blätter abgezupft und grob gehackt
2 Hand voll frische glatte Petersilie, die Blätter abgezupft und grob gehackt
1 Hand voll frische Minze, die Blätter abgezupft und grob gehackt
1–2 Hand voll frisch geriebener Parmesan (nach Belieben)
500g Spinat-Pasta (siehe Grundrezept, Seite 47 und 53)
Butter

Ricotta, Knoblauch, Chili, Salz, Pfeffer, den größten Teil der Kräuter und drei Viertel vom Parmesan in eine Schüssel geben und mit einer Gabel leicht durchmischen. Mit Salz, Pfeffer, Parmesan und Chili abschmecken. Dies ist eine außerordentlich leichte, aber sehr geschmacksintensive Füllung. Sie können das Aroma noch verstärken, indem Sie ein Viertel der frischen Kräuter im Mörser zerstoßen. Die zerstoßenen Kräuter geben der Mischung auch ein wenig Farbe, was sehr hübsch aussieht. Die Tortellini füllen (siehe Seite 72) und 3–4 Minuten in siedendem Salzwasser gar kochen. In eine Schüssel geben und mit den restlichen Kräutern, kleinen Butterstückchen und dem restlichen Parmesan servieren.

FARFALLE

Ich rolle den Teig für Farfalle ca. 1½ mm dick aus. Das Fabrizieren der typischen Schmetterlingsform ist ganz einfach – Sie können dazu ein Messer oder ein gezahntes Teigrädchen verwenden.

Die Herstellung von Farfalle

Die Teigplatte mit dem Messer an allen vier Seiten etwas zurechtschneiden, damit sie einigermaßen gleichmäßig ist, dann der Länge nach auf die Arbeitsfläche legen. Entscheiden Sie nun, wie groß Ihre Farfalle werden sollen – wollen Sie kleine für die Suppe, mittlere oder große? Ich schneide die Teigplatte normalerweise der Länge nach durch, so dass drei etwa 4 cm breite Streifen entstehen. Lassen Sie die drei Streifen beisammen liegen und schneiden Sie den Teig dann mit einem Messer oder Teigrädchen im rechten Winkel zu den ersten Schnitten im Abstand von jeweils ca. 7–8 cm zu.

Jetzt liegen viele kleine rechteckige Teigstückchen vor Ihnen. Für die typische Schmetterlingsform der Farfalle müssen Sie nun jedes Teigstückchen von beiden Seiten her in der Mitte zusammendrücken, was sehr rasch geht, und darauf achten, dass es seine Form behält.

Lassen Sie die Farfalle ca. 5 Minuten trocknen – dann sind sie frisch, weich und können sofort gekocht werden. Wollen Sie das erst später tun, können Sie die Farfalle auf ein leicht mit Mehl bestäubtes Tablett legen und mit einem feuchten Tuch abdecken; so bleiben sie 3–4 Stunden frisch. Oder Sie lassen sie einfach 2–3 Stunden auf einem Gitter oder Tablett trocknen und bewahren sie dann in einem luftdicht verschlossenen Behälter auf. Getrocknet halten sich die Farfalle mindestens 2 Monate lang.

Farfalle mit einer schnellen Tomatensauce

Diese Tomatensauce wird aus frischen, vollreifen Tomaten zubereitet. Sie hat kein so üppiges Aroma wie die Tomatensauce auf Seite 237. Da ihre Zubereitung ruckzuck geht, ist sie wesentlich leichter, zarter und duftiger im Geschmack. Die Tomaten können gekocht werden, so dass die Sauce noch ein paar Stückchen enthält, oder man verarbeitet sie in der Küchenmaschine oder im Mixer schnell zu einer glatten Sauce.

4–6 Portionen
4 EL kalt gepresstes Olivenöl (Extra Vergine)
6–8 mittlere/große Tomaten
1 Knoblauchzehe, geschält und fein gehackt
Salz und frisch gemahlener schwarzer Pfeffer
gut 2 Hand voll frisches Basilikum, die Blätter abgezupft und zerpflückt
500 g Farfalle (siehe Grundrezept, Seite 47 und 78)
etwas kalt gepresstes Olivenöl zum Servieren
etwas geriebener Parmesan

Das Olivenöl in einen heißen Topf mit dickem Boden geben. Während das Öl erhitzt wird, die Tomaten waschen, entkernen und grob hacken. Den Knoblauch in den Topf geben, weich dünsten und, bevor er Farbe anzunehmen beginnt, die Tomaten zufügen. Sie zischen und spritzen und fangen gleich an zu verkochen. Zum Kochen bringen und ca. 5 Minuten bei starker Hitze weiterdünsten. Sie können die Sauce so grob lassen oder in der Küchenmaschine oder im Mixer zur Hälfte oder komplett pürieren. Solange die Sauce noch heiß ist, mit Salz und Pfeffer abschmecken und den größten Teil des Basilikums zugeben.

Inzwischen die Farfalle in siedendem Salzwasser al dente kochen und abgießen. Zur Tomatensauce geben, durchschwenken und vor dem Servieren mit dem restlichen Basilikum, frisch gemahlenem schwarzen Pfeffer und ein wenig geriebenem Parmesan bestreuen und etwas kalt gepresstes Olivenöl darüber träufeln.

Farfalle mit Artischocken, Parmesan, Knoblauch und Sahne

4 Portionen
4 mittlere/große Artischocken
2 EL Olivenöl
1 große Knoblauchzehe, geschält und fein gehackt
1 EL frischer gehackter Thymian
1 Spritzer Zitronensaft
200 ml Sahne
½ EL frische gehackte Minze
150 g Parmesan, gerieben
Salz und frisch gemahlener schwarzer Pfeffer
500 g Farfalle (siehe Grundrezept, Seite 47 und Seite 78)

Die Artischocken vorbereiten (siehe Seite 137), halbieren und vom Stielansatz her in feine Scheiben schneiden. Das Olivenöl in einem Topf mit dickem Boden erhitzen, Knoblauch und Thymian zufügen. Die Artischocken in den Topf geben und langsam weich dünsten. Den Zitronensaft zufügen und 1 Minute weiterdünsten. Die Sahne angießen, den Großteil der Minze einstreuen und 1 Minute köcheln, von der Kochstelle nehmen und die Hälfte des Parmesans zugeben. Mit Salz und Pfeffer abschmecken.

In der Zwischenzeit die Farfalle in siedendem Salzwasser 3–4 Minuten oder al dente kochen. In der Sauce schwenken und vor dem Servieren die restliche Minze und den übrigen Parmesan darüber streuen.

Farfalle mit Brunnenkresse-Rucola-Pesto

4 Portionen
500 g Farfalle (siehe Grundrezept, Seite 47 und Seite 78)
geriebener Parmesan

Brunnenkresse-Rucola-Pesto
¼ Knoblauchzehe, geschält und gehackt
1 Hand voll frisches Basilikum, die Blätter abgezupft
1 Hand voll Rucola
1 Hand voll Brunnenkresse, die Blätter abgezupft
1 Hand voll geröstete Pinienkerne
gut 1 Hand voll geriebener Parmesan
kalt gepresstes Olivenöl (Extra Vergine)
1 Spritzer Zitronensaft (nach Belieben)
Salz und frisch gemahlener schwarzer Pfeffer

Zuerst wird das Pesto zubereitet: Knoblauch, Basilikum, Rucola und Brunnenkresse in einem Mörser zerstoßen. Die gerösteten Pinienkerne zufügen und weiter zerstoßen. In eine Schüssel geben und die Hälfte des Parmesans dazugeben. Den Käse einrühren und genügend Olivenöl zufügen, um die Sauce zu binden. Mit etwas Salz und Pfeffer sowie dem restlichen Parmesan abschmecken. Falls gewünscht, den Zitronensaft zugeben.

Die Farfalle in siedendem Salzwasser 3–4 Minuten oder so lange kochen, bis sie al dente sind. Abgießen, im Pesto schwenken und mit Parmesan bestreut servieren.

FISCH UND MEERESFRÜCHTE

Rochenflügel mit Parmaschinken, Radicchio, Kapern und Zitrone

Überzeugen Sie sich, dass der Rochen auch wirklich frisch ist, und bereiten Sie ihn noch an dem Tag zu, an dem Sie ihn gekauft haben. Wählen Sie Rochenflügel von jeweils ca. 350 g aus. Da sie im Inneren eine ganze Menge Knorpel haben, sollten Sie die Hauptknorpel vom Fischhändler entfernen und die Flügelränder zuschneiden lassen.

4 Portionen
4 Rochenflügel (je ca. 350 g)
Salz und frisch gemahlener schwarzer Pfeffer
etwas Mehl zum Bestäuben
4 EL Olivenöl
5 EL Butter
9–12 Scheiben Parmaschinken (oder anderer luftgetrockneter Schinken)
1 Knoblauchzehe, geschält und fein gehackt
1 Radicchio
2 EL Kapern, gewässert
Saft von 2 Zitronen

Die Rochenflügel abspülen, trocken tupfen, salzen und pfeffern. Etwas mit Mehl bestäuben, überschüssiges Mehl abschütteln. Die Pfanne richtig heiß werden lassen, zuerst das Öl und dann 4 EL Butter zusammen mit dem Fisch zugeben und auf mittlere Hitze zurückschalten. Auf beiden Seiten jeweils 2 Minuten anbraten, bis der Rochen eine schöne Farbe angenommen hat. (Wenn nicht alle Rochenflügel gleichzeitig in die Pfanne passen, die Flügel einzeln braten. Verwenden Sie für jeden Flügel jeweils 1 EL Öl und 1 EL Butter und wischen Sie die Pfanne zwischen den einzelnen Bratvorgängen mit Küchenpapier aus.) Alle Flügel auf ein Backblech legen und im Backofen bei 230 °C etwa 4–5 Minuten bzw. so lange weiterbacken, bis sich das Fleisch vom Knorpel löst.

Schinken und Radicchio in feine Streifen schneiden. Den Schinken in der Pfanne goldbraun braten, dann Knoblauch, Radicchio und Kapern (vorher abtropfen lassen) zugeben; die Temperatur zurückschalten und 1 EL Butter zufügen. Der Schinken sollte leicht knusprig werden und der Radicchio etwas in sich zusammenfallen. Den Zitronensaft angießen und die Mischung sofort auf den Rochenflügeln verteilen. Herrlich!

Gebratene Jakobsmuscheln mit knusprigem Speck, Salbei, Linsen und grünem Salat

Für mich ist dieses Rezpt die beste Jakobsmuschelzubereitung der Welt – jedenfalls ist mir noch nie eine bessere begegnet. Eine klasse Kombination, nicht zu schwer und mit den verschiedensten Aromen. Jakobsmuscheln kann man meiner Meinung nach nur essen, wenn sie in der Pfanne gebraten oder geröstet werden, denn nur dann wird ihre Haut wirklich karamellig und süß. Sie müssen dieses Rezept einfach ausprobieren, auch wenn Jakobsmuscheln nicht gerade billig sind – dafür kosten die anderen Zutaten fast gar nichts; außerdem brauchen Sie nur zwei oder drei Muscheln pro Person. Ein wirklich interessantes und schnelles Gericht.

4 Portionen

12 dünne Scheiben durchwachsener Frühstücksspeck (Bacon)
2 EL Olivenöl
pro Person 8 frische Salbeiblätter
12 Jakobsmuscheln, ausgelöst und gewaschen
Salz und frisch gemahlener schwarzer Pfeffer
Saft von 1 Zitrone
8 gehäufte EL gekochte Linsen (am besten kleine Puy-Linsen, siehe Seite 162)
4 große Hand voll grüne Salatblätter
Olivenöl-Zitronensaft-Dressing (siehe Seite 42)

Den Frühstücksspeck oder Bacon in einer heißen Pfanne in wenig Olivenöl braten. Kurz bevor er durchgebraten ist, den Salbei zufügen. Speck und Salbei sind dann etwa zum gleichen Zeitpunkt knusprig. Aus der Pfanne heben und auf Küchenpapier abtropfen lassen.

Die Pfanne wieder erhitzen. Wenn sie sehr heiß ist, einen kleinen Spritzer Öl hineingeben und die mit Salz und Pfeffer gewürzten Jakobsmuscheln braten. Sie brauchen etwa 1 Minute auf jeder Seite, ihre Haut soll leicht knusprig und goldbraun werden. Wenn Sie die Jakobsmuscheln auf beiden Seiten gebraten haben, träufeln Sie den Zitronensaft darüber und schwenken sie ein wenig. Die Muscheln aus der Pfanne nehmen und beiseite stellen.

Nun in derselben Pfanne die Linsen aufwärmen. Die Salatblätter mit dem Olivenöl-Zitronensaft-Dressing anmachen und auf 4 Teller verteilen. Die Speckscheiben und Salbeiblätter auf den 4 Salatportionen verteilen und dann die Jakobsmuscheln auf dem Salat anrichten. Die heißen Linsen darüber geben. Sofort essen!

Kurz gebackener Kabeljau mit Petersilie, Oregano, Chili und Limetten

Eine rasche und einfache Zubereitungsart für Kabeljau. Versuchen Sie, wirklich schöne und möglichst frische Kabeljausteaks zu ergattern. Die Steaks sollten ca. 3 cm dick sein.

4 Portionen

4 Kabeljausteaks (je 250–350 g)
1–2 EL Olivenöl
½ EL getrockneter Oregano
gut 2 Hand voll frische glatte Petersilie, sehr fein gehackt
1 mittlere/große frische rote Chilischote, entkernt und fein gehackt
Salz und frisch gemahlener schwarzer Pfeffer
2 Limetten

Die Kabeljausteaks in etwas kaltem Wasser waschen und mit Küchenpapier trocken tupfen. Dann das Olivenöl so auf den Steaks verreiben, dass sie leicht mit Öl überzogen sind. Oregano, Petersilie und Chili in eine Schüssel geben und vermischen. Die Kabeljausteaks mit Salz und Pfeffer würzen und in der Kräutermischung wenden.

Den Backofen samt Backblech auf 225 °C vorheizen. Die Kabeljausteaks auf das Blech legen – sie zischen und bräunen sofort an. Die halbierten Limetten dazugeben und das Blech auf die obere Schiene des Backofens schieben, so dass die Oberseite des Fisches etwas Farbe annimmt. 10 Minuten backen. Dann mit den gebackenen Limetten servieren. Mit dem Saft können Sie den Fisch beträufeln, bevor Sie ihn sich schmecken lassen.

Dazu passen gekochte Kartoffeln, gekochtes Gemüse oder ein Salat und hausgemachtes Aïoli (siehe Seite 229).

Gebratenes Kabeljaufilet mit Petersilie, Kapern und brauner Butter

Ein echter Klassiker – sehr schnell und einfach. Damit können Sie wirklich nichts falsch machen!

4 Portionen

4 Kabeljaufilets (je ca. 225 g), ohne Haut und Gräten
Salz und frisch gemahlener schwarzer Pfeffer
Mehl
2 EL Olivenöl
100 g Butter
gut 1 Hand voll Kapern, gewässert
gut 1 Hand voll frische glatte Petersilie, die Blätter abgezupft
2 Zitronen

Für dieses Rezept brauchen Sie eine Bratpfanne, die sehr heiß werden kann. Die Kabeljaufilets auf beiden Seiten mit Salz und Pfeffer würzen, sparsam mit Mehl bestäuben und überschüssiges Mehl abschütteln. Das Olivenöl in die heiße Pfanne geben und diese hin- und herschwenken, bis sich das Öl auf dem Pfannenboden verteilt hat. Den Kabeljau auf einer Seite 2 Minuten braten, zwischendurch mit einer Gabel vorsichtig anheben, um zu überprüfen, ob die Unterseite auch schön bräunt. Wenn der Fisch goldbraun gebraten ist, auf die andere Seite wenden und weiterbraten, dabei die Temperatur etwas herunterschalten. Nach ca. 3–4 Minuten sollte der Kabeljau gar sein. Aus der Pfanne nehmen und warm halten.

Die Butter in die Pfanne geben und zerlaufen lassen, bis sie etwas Farbe anzunehmen beginnt. Kapern (vorher abtropfen lassen) und Petersilie zufügen und die Pfanne 30 Sekunden lang hin- und herschwenken, bis die Butter zu bräunen beginnt (nicht schwarz werden lassen!). Den Saft von 1 Zitrone zugeben und die Pfanne von der Kochstelle nehmen. Die Flüssigkeiten ineinander laufen lassen, dann Kapern, Petersilie und braune Butter über dem Kabeljau verteilen. Mit Zitronenvierteln, gekochten Kartoffeln und einem grünen Salat servieren.

NOTICE
THE IMPOSED LOAD ON THIS FLOOR IS NOT

Im Ofen gebratene Forelle mit Thymian

Forellen sind für mich etwas richtig Leckeres, besonders wenn man sie im Ganzen genießen kann. Ich weiß noch genau, wie ich mit meinem Großvater zum Fischen ging, als ich etwa sieben Jahre alt war – wir fingen Forellen, brachten sie nach Hause und bereiteten sie sofort zu. Es gibt kaum etwas, was man mit einer schlicht gebratenen Forelle vergleichen kann; aber Forelle mit Thymian ist eine wirklich feine und erfrischende Kombination. Letztens habe ich dieses Rezept mit Zitronenthymian zubereitet – einfach köstlich. Der Thymian ergänzt den Geschmack der Forelle, der ein wenig erdig ist und an Wild erinnert. Im Supermarkt bekommt man meistens tief gekühlte Zuchtforellen, die aber qualitativ gar nicht schlecht und dabei recht preiswert sind. Oft werden auch schöne, völlig grätenlose Forellenfilets angeboten, die leicht und rasch zubereitet sind und sich deshalb gut für den Hausgebrauch eignen. Am besten kaufen Sie Fisch jedoch noch immer bei Ihrem Fischhändler, der Ihnen sicherlich auch Wildforellen beschaffen kann. Oder gehen Sie doch einfach mal zum Angeln und fangen Sie sich selbst welche!

4 Portionen

4 Forellen (je ca. 450g), geschuppt und ausgenommen
gut 2 Hand voll frischer Thymian, die Blätter abgezupft
Meersalz und frisch gemahlener schwarzer Pfeffer
3 EL Olivenöl
2 Zitronen
4 (möglichst frische) Lorbeerblätter

Den Backofen auf der höchsten Stufe vorheizen. Die Forellen innen und außen waschen und mit Küchenpapier trocken tupfen. Den Thymian mit 1 TL Meersalz und dem Olivenöl im Mörser zerstoßen (oder sehr fein hacken). Die Forellen mit dieser Mischung innen und außen einreiben, damit das Aroma in die Bauchhöhle und in die Haut eindringt.

Die Zitronen halbieren und die Enden abflachen. Mit der Messerspitze das Fleisch jeder Zitronenhälfte einschneiden und ein Lorbeerblatt hineinstecken. Forellen und Zitronenhälften auf ein Backblech legen und ca. 10 Minuten im Rohr braten. Um festzustellen, ob die Forelle gar ist, versuchen Sie am dicksten Teil des Forellenfilets das Fleisch von der Gräte zu lösen. Wenn das problemlos geht, ist sie gar, wenn nicht, muss sie noch ein paar Minuten weiterbraten. Am Ende sollte die Forelle eine knusprige Haut haben und die gebratene Zitronen sollten süß und leicht marmeladenartig schmecken

(eine wunderbare Art, die Zitronen zu garen, weil ihr Geschmack auch vom Aroma des Lorbeerblatts durchdrungen wird).

Servieren Sie die Forelle mit den Zitronenhälften, deren Saft Sie über den Fisch träufeln. Bei mir gibt's dazu Schwenkkartoffeln und einen grünen Salat.

Im Ofen gebackene Streifenbarbe mit Oregano, Zitrone und Kartoffelpüree mit schwarzen Oliven

Streifenbarben sind in europäischen Gewässern weit verbreitet und leicht erhältlich – deshalb gibt es keine Entschuldigung, wenn sie nicht frisch sind. Sie können die Fische im Ganzen zubereiten oder sie vom Fischhändler schuppen, filettieren und entgräten lassen. Ich bereite nach diesem Rezept auch Zackenbarsch, Meerbrasse und Petersfisch zu. Es ist einfach, leicht und schmeckt delikat.

4 Portionen

4 Streifenbarbenfilets mit Haut (alternativ Wolfsbarsch oder Dorade)
½ Knoblauchzehe
Salz und frisch gemahlener schwarzer Pfeffer
1 Hand voll frischer Oregano, die Blätter abgezupft
2 EL Olivenöl
Saft von ½ Zitrone
Kartoffelpüree mit schwarzen Oliven (siehe Seite 141)

Die Hautseite der Filets quer einschneiden, damit die Marinade in den Fisch eindringen kann. Den Knoblauch im Mörser zerstoßen, dann 1 TL Salz und den Oregano zufügen. Alles zerdrücken (oder sehr fein hacken), dann das Olivenöl und den Zitronensaft einrühren. Mit der Paste die Filets einreiben. Diese Menge dürfte ausreichen, um alle Filets zu bestreichen (sie sollen schließlich nicht in der Marinade schwimmen!). Die Filets mit der Hautseite nach oben auf ein Backblech legen. Auf der obersten Schiene in den Ofen schieben und ca. 7 Minuten bei maximaler Temperatur backen (auf der oberen Schiene wird die Haut schön knusprig). Achten Sie darauf, dass der Fisch nicht zu stark gebacken wird.

Servieren Sie Kartoffelpüree mit schwarzen Oliven und einen einfachen grünen Salat dazu.

In der Folie gebackener Petersfisch mit marinierten Kirschtomaten, schwarzen Oliven und Basilikum

Petersfisch ist beim Fischhändler fast das ganze Jahr über erhältlich. Das rohe Fleisch ist fest und wächsern, gekocht fühlt es sich jedoch fleischig an. Der Petersfisch ist außerordentlich geschmacksintensiv, so dass man ihn auf fast jede Art und mit allen möglichen Beigaben zubereiten kann.

Bei diesem Rezept meint man fast, irgendwo in Südeuropa beim Essen zu sitzen. Das Geheimnis besteht darin, den frischesten Petersfisch und die besten schwarzen Oliven zu verwenden.

4 Portionen

4 Filets vom Petersfisch, geschuppt (je ca. 225 g)
Salz und frisch gemahlener schwarzer Pfeffer
4 EL Olivenöl
2 Gläser trockener Weißwein

Marinade

gut 1 Hand voll schwarze Oliven, ohne Stein
1 Knoblauchzehe, geschält und fein gehackt
½ kleine getrocknete rote Chilischote
gut 1 Hand voll frisches Basilikum oder Majoran oder beides, die Blätter abgezupft und grob gehackt
2–3 EL Ihres besten kalt gepressten Olivenöls (Extra Vergine)
20 Kirschtomaten, halbiert oder geviertelt
1 Zitrone
Salz und frisch gemahlener schwarzer Pfeffer

Mischen Sie zuerst die Marinade für die Tomaten: Die Oliven mit dem Knoblauch, der Chilischote, den Kräutern und dem Öl in eine Schüssel geben und die Kirschtomaten zufügen. Ich lasse die Marinade ca. ½ Stunde stehen, bevor ich sie würze, da der Saft der Tomaten den Oliven das überschüssige Salz entzieht. Den Zitronensaft zufügen und mit Salz und Pfeffer abschmecken. Die Marinade hält sich etwa einen Tag. Wenn Sie den Tomatengeschmack verstärken möchten, können Sie noch ein paar sonnengetrocknete Tomaten dazugeben.

Schneiden Sie ein ca. 40 cm langes Stück Alufolie ab. Legen Sie in die Mitte der rechten Hälfte ein Viertel der marinierten Zutaten und darauf eines der gewürzten Fischfilets. Klappen Sie die linke Hälfte um und verschließen Sie zwei Seiten mit einem festen Falz, so dass der Fisch fast komplett umschlossen ist. Geben Sie 1 EL Olivenöl und ein Viertel des Weißweins dazu und verschließen Sie auch die letzte noch offene Seite. Diesen Vorgang bei den anderen drei Filets wiederholen und den Fisch im Ofen bei maximaler Temperatur etwa 10 Minuten backen. Aus dem Ofen nehmen und 3–4 Minuten stehen lassen, ohne die Folie zu öffnen.

Servieren Sie den Fisch in der verschlossenen Hülle, damit Ihre Gäste die Päckchen selbst öffnen und den köstlichen Inhalt entdecken können.

Scharf angebratenes Thunfischsteak mit frischem Koriander und Basilikum

Die beste Thunfisch-Art (also jene, die auch für Sushi und Sashimi verwendet wird) ist der Rote Thunfisch, dicht gefolgt vom Großaugenthun. Diese beiden Thunfischarten sind sehr teuer, da der größte Teil für den japanischen Markt bestimmt ist, wo er wie Gold gehandelt wird. Am häufigsten und zu vernünftigen Preisen wird der Gelbflossenthunfisch angeboten. Beim Kauf von Thunfisch sollten Sie darauf achten, dass das Fleisch gleichmäßig dunkelrot gefärbt ist und feine, feste Fasern ohne große Sehnen aufweist. Wenn Sie qualitativ hochwertigen frischen Thunfisch ergattert haben, dann werden Sie ihn bestimmt nicht so lange kochen, bis er ganz durch ist und genau so schmeckt wie der aus der Dose. Guter frischer Thunfisch sollte tatsächlich halb roh oder zumindest rosa serviert werden.

4 Portionen
1 kleine getrocknete rote Chilischote
1 EL Koriandersamen
½ Knoblauchzehe, geschält
gut 1 Hand voll Basilikum, die Blätter abgezupft und fein gehackt
gut 1 Hand voll Korianderkraut, die Blätter abgezupft und fein gehackt
Salz und frisch gemahlener schwarzer Pfeffer
Saft von 1 Zitrone
4 Thunfischsteaks (je ca. 250g), ca. 2cm dick

Chili und Koriandersamen im Mörser zerstoßen. Knoblauch, Basilikum und Korianderkraut zufügen und mit dem Zitronensaft abschmecken. Alles vermischen und mit Salz und Pfeffer würzen.

Die Thunfischsteaks auf beiden Seiten salzen und pfeffern und mit der Kräutermischung einreiben.

Zum Braten der Steaks verwende ich eine gerillte Grillpfanne oder eine Bratpfanne. Geben Sie etwas Öl auf Küchenpapier, reiben Sie Ihre Pfanne, die sehr, sehr heiß sein sollte, damit ein und legen Sie den Thunfisch hinein. Der Thunfisch soll scharf angebraten werden, so dass er außen braun geröstet, dabei aber nicht ganz durchgebraten wird (auf jeder Seite ca. 45–60 Sekunden). Danach halbiere ich die Steaks und serviere sie mit Salat und Pommes frites oder gekochten Kartoffeln und einer großen Zitronenspalte. Der Thunfisch schmeckt auch gut mit marinierten sonnengetrockneten Tomaten, Oliven und Basilikum – die Möglichkeiten sind schier unbegrenzt.

Marinierte gebratene Brasse mit Balsamico-Essig und knusprigem Majoran

Verschiedene Brassenarten sind heute beim Fischhändler und in den Lebensmittelabteilungen großer Kaufhäuser erhältlich. Lassen Sie sich den Fisch vom Händler ausnehmen und schuppen, falls dies noch nicht geschehen ist. Sie können ihn auch gleich filettieren lassen, wenn Sie nichts mit den Gräten zu tun haben wollen. Brassen sind interessante Speisefische, da ihr Fleisch sehr zart ist und einen delikaten Geschmack hat. Meiner Meinung nach passen Balsamico-Essig und Majoran aufgrund ihrer Süße sehr gut zu diesem Fisch.

4 Portionen

2 Rot- oder Goldbrassen (je 450–500 g)
½ Knoblauchzehe, geschält und fein gehackt
gut 1 Hand voll frisches Basilikum oder Majoran, die Blätter abgezupft
Salz und frisch gemahlener schwarzer Pfeffer
150 ml Balsamico-Essig
4 EL Olivenöl
Knoblauch und Majoran zum Garnieren

Backofen samt Blech auf der höchsten Stufe vorheizen. Die Fische innen und außen waschen und mit Küchenpapier trocken tupfen. Auf ein Brett legen und auf beiden Seiten im Abstand von ca. 2 cm kreuz und quer einschneiden (wenn der Fisch filettiert wurde, nicht ganz so tief einschneiden). Knoblauch und Basilikum oder Majoran mit 1 TL Salz im Mörser zerstoßen oder fein hacken und den Balsamico-Essig und das Olivenöl einrühren. Den Fisch leicht pfeffern und dann innen und außen mit der Mischung einreiben, vor allem die Einschnitte. 10 Minuten marinieren lassen. Dann den Fisch und die Marinade, die noch übrig ist, auf das leicht eingeölte Blech geben und 12 Minuten braten. 1 Minute ruhen lassen, so dass die herrlich milchigen Säfte wieder vom Fleisch aufgenommen werden können. Um zu überprüfen, ob der Fisch gar ist, versuchen Sie, den dicksten Teil des Filets von der Rückengräte zu lösen. Geht das problemlos, ist er gar. Ein paar feine Knoblauchscheiben und Majoranblätter anrösten und über den Fisch streuen. Mit gebackenen Kirschtomaten, gekochten Kartoffeln und einem Salat servieren.

Gebackener Lachs mit Oliven, grünen Bohnen, Anchovis und Tomaten

Bei diesem Rezept wird der Lachs lediglich mit etwas Olivenöl und Meersalz gebacken. Auf demselben Blech backen Sie auch Tomaten, Oliven und blanchierte grüne Bohnen, die mit Anchovis belegt werden. Die Anchovis zerfallen beim Backen, während die Oliven die Tomaten mit einer Art Räucheraroma erfüllen. Eine wirklich erlesene Kombination, die Sie unbedingt testen müssen.

4 Portionen
200 g grüne Bohnen
20 kleine Kirschtomaten
gut 1–2 Hand voll schwarze Oliven
2 EL kalt gepresstes Olivenöl (Extra Vergine)
Salz und frisch gemahlener schwarzer Pfeffer
4 dicke Lachsfilets (je ca. 225 g) mit oder ohne Haut, aber auf jeden Fall ohne Gräten
2 Zitronen
1 Hand voll frisches Basilikum, die Blätter abgezupft
12 Anchovisfilets (Sardellenfilets)

Zuerst die grünen Bohnen putzen, in Salzwasser kochen, bis sie fast weich sind (ca. 20 Minuten), und das Wasser abgießen. Mit den Kirschtomaten und den entkernten Oliven in eine Schüssel geben. Das Olivenöl sowie etwas Salz und Pfeffer untermischen.

Die Lachsfilets kurz unter fließendem Wasser abspülen und mit Küchenpapier trocken tupfen. Die Filets auf beiden Seiten mit dem Saft von ½ Zitrone beträufeln, dann auf beiden Seiten salzen und pfeffern und etwas Olivenöl darüber geben. Den Backofen samt Blech auf der höchsten Stufe vorheizen. Die Lachsfilets auf eine Seite des Blechs legen. Das Basilikum zu den grünen Bohnen, Oliven und Tomaten geben und die Mischung auf der anderen Seite des Blechs verteilen. Die Anchovis über die Bohnen legen. Im vorgeheizten Ofen 10 Minuten backen, dann herausnehmen und mit den Zitronenvierteln servieren.

Schmeckt überaus lecker mit etwas Mayonnaise oder Aïoli – beides natürlich hausgemacht (siehe Seite 228/229).

FRISCHE SARDINEN

Frische Sardinen sind etwas ganz Besonderes. Sie schmecken wunderbar, kosten wenig und haben einen hohen Nährwert. Diese Fische werden eindeutig unterschätzt. Ganze Sardinen, gegrillt oder gebacken, sind wirklich etwas Feines, ich möchte Ihnen aber ein anderes Klasse-Rezept mit einer leicht italienisch angehauchten Füllung vorstellen. Achten Sie beim Kauf von Sardinen darauf, dass die Fische glänzen, klare Augen haben und gut riechen.

Vorbereitung

Kratzen Sie mit einem Messer die Schuppen ab (die Haut dabei möglichst nicht verletzen!). Dann den Kopf abtrennen, den Bauch aufschneiden und unter fließendem kalten Wasser die Eingeweide entfernen. Schlagen Sie das Innere der Sardine wie ein Buch auf und drücken Sie die Seiten mit den Daumen nach unten. Dann die Rückengräte vom Kopfende zum Schwanz hin herausziehen.

Gefüllte gebackene Sardinenröllchen mit Pinienkernen und frischen Kräutern

4 Portionen

4 Eiertomaten
12 große Sardinen, küchenfertig vorbereitet (siehe linke Seite)
Schale und Saft von 1 unbehandelten Zitrone
Salz und frisch gemahlener schwarzer Pfeffer
1 mittelgroße Zwiebel, geschält und fein gehackt
4 EL Olivenöl
1 Knoblauchzehe, geschält
1 Fenchelknolle, geputzt und fein gehackt (das Fenchelgrün zurückbehalten)
1 kleine getrocknete rote Chilischote, zerstoßen
1 Hand voll frisches Basilikum, fein gehackt
1 Hand voll frische Petersilie, fein gehackt
3 Hand voll Semmelbrösel (entspricht 6 Scheiben Brot)
gut 1 Hand voll Pinienkerne
kalt gepresstes Olivenöl (Extra Vergine) zum Beträufeln

Die Tomaten einritzen und in kochendem Wasser blanchieren, dann enthäuten, entkernen und fein hacken. Die Sardinen auf eine Platte legen, mit der abgeriebenen Zitronenschale bestreuen und den Zitronensaft darüber träufeln. Etwas salzen und pfeffern. Die Zwiebel im Olivenöl mit einer Prise Salz in einer schweren Bratpfanne langsam anschwitzen. Nach ca. 3 Minuten den Knoblauch zufügen und 1 Minute weiterdünsten, aber keine Farbe annehmen lassen. Den Fenchel zufügen und noch 1 Minute dünsten, so dass er ein wenig weich wird, dann den Pfanneninhalt in eine Schüssel geben und abkühlen lassen. Tomaten, Chili, Kräuter und Semmelbrösel zugeben und durchmischen.

Einen kleinen Teil der Mischung auf dem Boden einer geölten Auflaufform aus Keramik verteilen, in der alle Fischröllchen Platz haben. Dann auf jedes Filet einen Teil der Gemüsemischung geben und die Filets wie Rouladen zusammenrollen. In die Form setzen und mit der übrigen Mischung, den Pinienkernen und dem Fenchelgrün bestreuen, Olivenöl darüber träufeln und im heißen Backofen bei maximaler Temperatur 8–10 Minuten knusprig und goldbraun backen. Toll als Hauptmahlzeit, aber auch als kleiner Imbiss für zwischendurch.

Fisch in Meersalzkruste

Auf diese Weise lässt sich Fisch nicht nur rasch und einfach zubereiten, sondern das Essen wird auch zum total geselligen Ereignis und – was am wichtigsten ist – schmeckt göttlich. Der Fisch behält seine natürlichen Säfte und scheint sich wie von selbst von den Gräten zu lösen. Und anders, als man vielleicht vermuten würde, schmeckt er überhaupt nicht salzig.

Ich verwende ganze Fische. Sie können also eine kleine Barbe oder einen kleinen Petersfisch für ein oder zwei Personen auf diese Weise ebenso zubereiten wie einen großen Lachs, Barsch oder Glattbutt für eine Gruppe oder eine Party. Meine Lieblingsfische für diese Zubereitungsmethode sind Streifenbarbe, Brasse, Lachs, Steinbutt, Glattbutt und Forelle. Lassen Sie den Fisch vom Fischhändler schuppen und ausnehmen, dann müssen Sie die Bauchhöhle nur noch mit aromatischen Kräutern und Zitronenscheiben füllen. Verwenden Sie eine Mischung frischer Kräuter: Basilikum, glatte Petersilie, Fenchelgrün, Dill, Koriander oder Lorbeerblätter. Legen Sie ein Backblech mit Alufolie aus, so dass an den Rändern jeweils ca. 30 cm überstehen. Streuen Sie nun eine mindestens 2 cm dicke Schicht grobkörniges Meersalz auf das Blech. (Grobkörniges Meersalz ist in Kilopackungen im Lebensmittelhandel erhältlich. Verwenden Sie nur wirklich grobkörniges, ungemahlenes Meersalz.) Legen Sie den mit Kräutern gefüllten Fisch auf die Salzschicht (ich vergewissere mich stets, dass genügend Kräuter aus der Bauchhöhle heraushängen, damit dort kein Salz eindringen kann). Streuen Sie das restliche Salz in einer ca. 2 cm dicken Schicht auf den Fisch. Dann die überstehende Folie zusammenknüllen und zwischen Salz und Blech drücken. Träufeln Sie etwas Wasser auf das Salz, um die Krustenbildung zu fördern. Auf der mittleren Schiene des Backofens 10 Minuten pro 500 g bei maximaler Temperatur backen.

Wildlachs sollten Sie nicht ganz durchgaren, um seinen reinen und natürlichen Geschmack genießen zu können. Verringern Sie dazu die Garzeit einfach um 2 Minuten pro 500 g.

Nach dem Backen sollte der Fisch 15 Minuten ruhen (er gart noch sachte weiter). Dann die Salzkruste behutsam aufbrechen und entfernen. Vorsicht! Sie dürfen die Haut des Fisches nicht verletzen, da das Fleisch sonst salzig wird. Wenn Sie den köstlich dampfenden Fisch freigelegt haben, stellen Sie ihn einfach in die Mitte des Tisches und reichen Sie dazu frisches Brot, knackigen grünen Salat, gekochte Kartoffeln und zwei oder drei Dips.

Tel.01-515 9192 01-987 3875
DUFFER

Kedgeree

Dieses Gericht stammt aus Indien, wo es mit Linsen anstelle von Fisch zubereitet wird. Das Rezept ist eine herrliche Mischung aus rauchigen und würzigen Aromen.

6 Portionen
2 Eier
750 g geräucherte Schellfischfilets (ohne die Rauchhaut)
2 Lorbeerblätter
175 g Langkorn- oder Basmati-Reis
Salz und frisch gemahlener schwarzer Pfeffer
125 g Butter
1 mittelgroße Zwiebel oder die gleiche Menge Frühlingszwiebeln, fein gehackt
1 Knoblauchzehe, geschält und fein gehackt
2 gehäufte TL Currypulver
2 Zitronen
gut 2 Hand voll frischer Koriander, grob gehackt

Die Eier 10 Minuten kochen, dann in kaltem Wasser liegen lassen, bis sie gebraucht werden. Den Schellfisch mit etwas Wasser und den Lorbeerblättern in eine Pfanne geben, zum Kochen bringen, zudecken und ca. 5 Minuten oder so lange köcheln, bis der Fisch gar ist. Aus der Pfanne nehmen. Wenn der Fisch so weit abgekühlt ist, dass man ihn anfassen kann, die Haut entfernen, den Fisch in Stücke zerteilen und beiseite stellen.

Den Reis ca. 10 Minuten in Salzwasser kochen, dann abgießen. Mit kaltem Wasser durchspülen, erneut abgießen und im Kühlschrank aufbewahren, bis er gebraucht wird. Die Butter bei geringer Hitze in einem Topf zerlaufen lassen, Zwiebel und Knoblauch zufügen. 5 Minuten weich dünsten, aber keine Farbe annehmen lassen, dann das Currypulver zugeben und noch ein paar Minuten weiterdünsten. Den Saft einer Zitrone zufügen. Die hart gekochten Eier in Scheiben schneiden. Fisch und Reis in die Pfanne geben, sanft erhitzen, dann Eier und Koriander zufügen und vorsichtig unterrühren. In eine vorgewärmte Servierschüssel geben, mit der in Spalten geschnittenen zweiten Zitrone dekorieren und auftragen. Sie werden begeistert sein!

Lebender Hummer – perfekt zubereitet

Zwar wird in Feinkostläden und in den Lebensmittelabteilungen großer Kaufhäuser auch fertig gekochter Hummer angeboten, an den hervorragenden Geschmack von lebendem Hummer reichen diese Tiere jedoch nicht heran. Vermutlich müssen Sie lebende Hummer beim Fischhändler vorbestellen. Lebende Hummer haben eine schwärzliche Farbe, werden aber beim Kochen knallrot.

Für zwei Personen eignet sich ein Hummer von ca. 1000 g – oder Sie kaufen für jede Person ein kleineres Exemplar. Fragen Sie Ihren Fischhändler, welche Größen er anbieten kann. Die Scheren des Hummers sind mit Bändern gesichert, die Sie erst nach dem Kochen entfernen sollten.

Decken Sie den Hummer zu Hause sofort mit einem feuchten Handtuch zu; die Dunkelheit lässt ihn einschlafen. Sie können ihn nun entweder in reichlich gesalzenem Wasser (der Seafood-Experte Rick Stein verwendet Meerwasser) oder in einer Würzbrühe aus Sellerie, Fenchel, Chili, Lorbeerblatt und anderen Kräutern kochen.

Füllen Sie einen großen Topf mit Wasser. Der Hummer muss komplett bedeckt sein. Laut Tierschutz-Schlachtgesetz dürfen Sie den Hummer erst ins Wasser geben, wenn es sprudelnd kocht. Setzen Sie einen Deckel auf den Topf. Den Hummer 3 Minuten pro 500 g kochen, aus dem Topf nehmen und 5 Minuten ruhen lassen. Jetzt benötigen Sie ein gut geschärftes Messer (ein Sägemesser ist besonders geeignet). Legen Sie den Hummer so auf ein Brett, dass der Schwanz von Ihnen weg zeigt. An seinem Rücken verläuft eine Linie bis zum Kopf. Setzen Sie die Messerspitze genau hinter den Augen an und brechen Sie ihn in Richtung des vorderen Endes auf; drehen Sie ihn um und verfahren Sie zum hinteren Ende ebenso, so dass der Spalt nun über die ganze Länge des Hummers verläuft. Entfernen Sie den dunklen Darm, der den Schwanz entlang verläuft, den kleinen Magensack, der im Kopf liegt, und die Kiemen. (Soll der Hummer kalt serviert werden, sollten Sie ihn in der Schale auskühlen lassen, damit das Fleisch feucht bleibt.) Brechen Sie die Scheren mit dem Griff eines großen Küchenmessers auf. Mit der Fleischseite nach oben servieren.

Hummeressen ist eine sehr gesellige Sache. Ich serviere den Hummer mit einem gemischten grünen Salat, frischem Brot und zwei oder drei hausgemachten Dips oder Saucen, etwa Zitronen- oder Basilikummayonnaise, Aïoli, Chili-Fenchel-Salsa oder Paprika-Pfeffer-Salsa (siehe Seite 229, 234, 235). Reichen Sie zum Hummer einen gut gekühlten Weißwein – und stellen Sie Fingerschalen auf den Tisch.

FLEISCH, GEFLÜGEL UND WILD

Schweinekoteletts mit Thymian, Zitrone und Pesto

Für dieses Rezept lasse ich mir von meinem Fleischer Koteletts mit zwei Rippen abschneiden, löse einen der Knochen aus, schneide das überschüssige Fett ab und klopfe das Fleisch flach, bis es etwa 4 cm dick ist – das nenne ich ein richtiges Kotelett! Ein guter Fleischer wird die Koteletts gerne für Sie vorbereiten. Am besten grillen Sie die Koteletts auf dem Rost, Sie können sie aber auch in der Pfanne braten.

4 Portionen

1 Hand voll Thymian, die Blätter abgezupft
Salz und frisch gemahlener schwarzer Pfeffer
1 Knoblauchzehe, geschält
Schale und Saft von 1 unbehandelten Zitrone
1 EL Olivenöl
4 doppelte Schweinekoteletts aus der Lende oder normale Koteletts
1 x das Pesto-Rezept (siehe Seite 232)

Den Thymian mit 1 TL Salz im Mörser zerstoßen oder sehr fein hacken. Dann den Knoblauch und 1 TL schwarzen Pfeffer in die Mischung geben und erneut im Mörser verarbeiten. Saft und Schale der Zitrone sowie das Olivenöl einrühren. Mit dieser Paste die Koteletts bestreichen und mindestens 10 Minuten stehen lassen.

Die Koteletts auf einen sehr heißen Rost oder in eine heiße Bratpfanne legen (das raucht ein bisschen!). Auf beiden Seiten knusprig und goldbraun werden lassen, aber nicht verbrennen lassen! Wenn die Koteletts zu viel Farbe bekommen, müssen Sie die Temperatur herunterschalten. Bei mittlerer Wärmezufuhr benötigen die Koteletts etwa 8 Minuten – das hängt aber von der Dicke der Koteletts ab. Man darf Schweinefleisch nicht zu stark braten, das lässt es nur austrocknen. Die Koteletts ein paar Minuten ruhen lassen und dann etwas Pesto darauf geben.

Servieren Sie dazu gemischten Salat und Kartoffelpüree oder Pellkartoffeln – mit Olivenöl bestrichen, in Meersalz gewendet und gebacken.

Schweinebraten mit Kruste

Verlangen Sie für Schweinebraten ein Stück von der Rippe oder vom Kamm; es hat eine gleichmäßigere Form und eignet sich daher besser zum Braten. Bitten Sie den Fleischer, die Schwarte im Abstand von jeweils 5 mm quer einzuschneiden und das Fleisch vom Knochen zu lösen. Lassen Sie sich die Knochen hacken und verwenden Sie sie für die Bratensauce.

8 Portionen

ca. 3 kg Schweinebraten mit Knochen (Rippenstück oder Kamm)
Meersalz
1 EL frischer gehackter Rosmarin
½ EL Fenchelsamen
5 Knoblauchzehen
8 EL Balsamico-Essig
4 Lorbeerblätter
2 EL Olivenöl
5 äußere Selleriestangen, grob gehackt
1 große Karotte, grob gehackt
1 große Zwiebel, grob gehackt

Das Schweinefleisch auf ein Brett legen und etwas Salz und gehackten Rosmarin in die Einschnitte der Schwarte reiben. Die Fenchelsamen, den Knoblauch und den restlichen Rosmarin im Mörser zerstoßen und ins Fleisch einreiben, jedoch nicht in die Schwarte, da sie sonst verbrennt. Mit dem Balsamico-Essig, dem Lorbeerblatt und dem Olivenöl in die Fettpfanne des Backofens geben und ½ Stunde marinieren lassen.

Inzwischen den Backofen auf der höchsten Stufe vorheizen und die Knochen anbräunen. Die Schwarte des Bratens mit sehr viel Meersalz einreiben – so kann sie austrocknen und sich richtig aufplustern. Das Fleisch auf einem Bratrost ganz oben in den Ofen schieben. Zuletzt noch die angebräunten Knochen und das Gemüse in die restliche Balsamico-Marinade in der Fettpfanne geben, 600 ml Wasser angießen und in den Backofen direkt unter das Fleisch schieben. Während des Bratens tropft dann der gesamte Bratensaft des Fleisches direkt in die Fettpfanne. Aus dieser Flüssigkeit wird dann die Bratensauce. Das Gitter hinterlässt an der Unterseite des Bratens schöne, stark angebräunte Stellen.

Der Braten braucht etwa 1 Stunde. Nach 20 Minuten die Temperatur auf 220°C herunterschalten. Sobald das Fleisch gar ist, samt Gitter aus dem Ofen nehmen und auf Alufolie legen, um den Saft aufzufangen. Mindestens 10 Minuten ruhen lassen. Kochen Sie jetzt das Gemüse, das Sie zum Fleisch servieren möchten, und bereiten Sie aus der Flüssigkeit in der Fettpfanne die Bratensauce zu.

Bratensauce

Knochen, Flüssigkeit und Gemüse aus der Fettpfanne in einen großen Topf umfüllen. Etwas Wasser in die Fettpfanne gießen, da am Boden noch schmackhafter Bratensatz anhaftet. Das Wasser aufkochen, die leckeren Reste vom Boden abschaben und alles in den Topf gießen. Zum Kochen bringen, den Topf ab und zu etwas rütteln, Öl, Fett oder Schaum von der Oberfläche abschöpfen. Dann alles durch ein Sieb streichen, das Gemüse und die Knochen entfernen. Sie können die Sauce nun einkochen und nach Belieben abschmecken.

Lamm auf nordafrikanische Art mit Chili, Ingwer, Kichererbsen und Couscous

Ein großartiges Gericht, dessen Zubereitung viel Spaß macht. Seinen orientalischen Geschmack verdankt es den Aromen von Chili und Ingwer. Ich verwende Lammnacken (oder ein anderes schönes Stück Lamm zum Schmoren), den man zu recht vernünftigen Preisen bekommt.

4–6 Portionen

200g Kichererbsen, über Nacht eingeweicht
2 große, feste Auberginen
Salz und frisch gemahlener schwarzer Pfeffer
10 frische Eiertomaten
1½ EL Koriandersamen
½ TL Kuminsamen (Kreuzkümmel)
geriebene Muskatnuss (nach Belieben)
1,2 kg Lammnacken, in ca. 5cm große Stücke geschnitten
4 EL Olivenöl
4 mittlere/große Chilischoten, gehackt
2 EL frischer geriebener Ingwer
2 Knoblauchzehen, geschält und fein gehackt
1 TL Essig
2 EL frische gehackte Petersilie
1 EL frisches gehacktes Korianderkraut
Couscous (siehe Rezept Seite 180)

Die eingeweichten Kichererbsen abgießen. Mit Wasser bedecken, zum Kochen bringen und weich kochen. Die Auberginen grob würfeln (ca. 2cm groß), in ein Sieb geben und mit ca. 1 EL Salz bestreuen. Das entwässert sie und entzieht ihnen bittere Säfte (ca. ½ Stunde stehen lassen). Die Tomaten in kochendem Wasser blanchieren, enthäuten, entkernen und vierteln.

Koriander- und Kuminsamen mit 1 TL Salz im Mörser zerstoßen, in eine Schüssel geben und etwas Muskat zufügen. Das Lamm dazugeben und gut durchmischen. Eine große Kasserolle erhitzen, 2 EL Olivenöl hineingeben und das Fleisch scharf anbraten.

Die überschüssige Flüssigkeit aus den Auberginen drücken (dadurch wird auch der größte Teil des Salzes entfernt). 2 weitere EL Olivenöl in die heiße Kasserolle geben und die Auberginen mit dem Lamm 2 Minuten unter ständigem Wenden anbraten. Chili und Ingwer zufügen und 3 Minuten braten. Dann noch den Knoblauch hineingeben und 1 Minute weiterbraten; dabei immer weiterrühren, damit nichts anbrennt. Essig und Tomaten zufügen, die Kasserolle ab und zu etwas rutteln. Die Temperatur auf mäßige Hitze zurückschalten, zudecken und 1 Stunde köcheln lassen, dann die gekochten Kichererbsen zufügen und 5 Minuten weiterköcheln. Die Tomaten sollten nun zur Sauce verkocht sein und die Auberginen süßlich schmecken. Nach Belieben würzen, Petersilie und Korianderkraut einrühren. Mit Couscous servieren.

Gebratene Lammkeule

Eine Lammkeule (ca. 2 kg) ist immer ein Hochgenuss. Ich probiere gerne verschiedene Möglichkeiten aus, um ihren wunderbaren Geschmack noch zu steigern. Hier zeige ich Ihnen einige meiner Lieblingsmethoden, mit denen ich solche Braten aufpeppe.

Mir schmeckt Lammfleisch im Mai am besten, da das Fleisch des jungen Lamms dann Zeit hatte, Geschmack, Charakter und Struktur zu entwickeln.

Eine Lammkeule sollte sich weich anfühlen und bei Druck eine leichte Delle aufweisen. Die Haut sollte trocken sein, aber nicht reißen oder abblättern. Lassen Sie von Ihrem Fleischer das untere Kugelgelenk entfernen, damit Sie die Keule leichter braten und tranchieren können.

Bratzeiten

Rosa – 10 Minuten pro 500 g plus 20 Minuten
Medium – 13 Minuten pro 500 g plus 20 Minuten
Gut durchgebraten – 20 Minuten pro 500 g plus 20 Minuten

Lassen Sie das Fleisch vor dem Tranchieren mindestens 10 Minuten ruhen.

Gebratene Lammkeule mit Anchovis und Rosmarin

1 Lammkeule (ca. 2 kg)
½ Zitrone
1 Hand voll Rosmarin, grob gehackt
10 gesalzene Anchovisfilets (Sardellenfilets) oder Anchovis in Öl
Salz und frisch gemahlener schwarzer Pfeffer
Olivenöl

Mit einem spitzen, scharfen Messer die Haut etwa 10-mal an verschiedenen Stellen ca. 5 cm tief einschneiden und jeden Einschnitt etwas ausweiten. Die Haut mit der Zitrone einreiben, den Rosmarin in die Schnitte schieben und auf der Haut verteilen. Die Anchovisfilets in die Schnitte stecken. Das Fleisch außen mit Salz und Pfeffer einreiben. Etwas Öl in einen Bräter geben und die Lammkeule hineinlegen. Im Backofen bei 225 °C braten und dabei alle 30 Minuten wenden, bis die Keule gar ist.

Gebratene Lammkeule mit Rosmarin und Knoblauch

1 Lammkeule (ca. 2 kg)
½ Zitrone
1 Hand voll frischer Rosmarin, die Blätter abgezupft
Salz
1 Knoblauchzehe, geschält
Olivenöl
einige zusätzliche Rosmarinzweige

Entfernen Sie an mehreren Stellen der Lammkeule kleine Hautstücke. Dann mit etwas Zitrone einreiben. Schneiden Sie mit einem Messer vom oberen und unteren Ende der Keule her jeweils 10–12 cm tief um den Knochen herum (so entsteht eine Art Tunnel). Zerstoßen Sie die abgezupften Rosmarinblätter mit 1 TL Salz im Mörser. Den Knoblauch und ½ TL Olivenöl zufügen und erneut im Mörser verarbeiten. Diese Mischung auf die Stellen streichen, an denen Sie die Haut entfernt haben, und in die Zwischenräume füllen, die Sie zwischen Fleisch und Knochen geschnitten haben. Das gibt ein herrliches Aroma. Die Keule außen salzen und mit Rosmarin bestreuen. Mehrere Rosmarinzweige mit Küchengarn um das Fleisch binden. Etwas Öl in die Fettpfanne oder einen Bräter geben, die Keule hineinlegen und im Backofen bei 225 °C braten, dabei alle 30 Minuten wenden.

Gebratene Lammkeule mit Speck, Salbei und Rosmarin

1 Lammkeule (ca. 2 kg)
1 Hand voll frischer Salbei, die Blätter abgezupft
1 Knoblauchzehe, geschält
Salz und frisch gemahlener schwarzer Pfeffer
Saft von 1 Zitrone
Olivenöl
1 Hand voll frischer Rosmarin, grob gehackt
100 g durchwachsener Frühstücksspeck (Bacon oder Pancetta), in Scheiben

Schneiden Sie mit einem Messer vom oberen und unteren Ende der Keule her jeweils 10–12 cm tief um den Knochen herum, so dass eine Art »Tunnel« entsteht. Dann die Haut mit einem spitzen scharfen Messer 6- bis 8-mal an mehreren Stellen einschneiden und die Einschnitte mit den Fingern etwas ausweiten.

Die Hälfte des Salbeis, den Knoblauch und 1 TL Salz im Mörser zerstoßen. Wenn eine gleichmäßige Mischung entstanden ist, den Zitronensaft, 2 EL Olivenöl, die andere Hälfte des Salbeis und den gehackten Rosmarin zufügen. Diese Mischung in alle Einschnitte und Zwischenräume der Keule füllen und dann auch den Speck tief in diese Öffnungen drücken. Dies verleiht dem Fleisch ein herrlich duftendes Aroma. Etwas Öl in die heiße Fettpfanne oder einen Bräter geben, die Lammkeule hineinlegen und im Backofen bei 225°C braten, bis sie gar ist. Dabei alle 30 Minuten wenden.

Gebratene Lammkeule mit Aprikosen und Thymian

1 Lammkeule (ca. 2 kg)
1 Hand voll Thymian, die Blätter abgezupft
½ Knoblauchzehe, geschält
Salz
Olivenöl
Saft von ½ Zitrone
1 Hand voll getrocknete Aprikosen

Schneiden Sie mit einem Messer vom oberen und unteren Ende der Keule her jeweils 10–12 cm tief um den Knochen herum, so dass eine Art »Tunnel« entsteht. Dann die Haut mit einem spitzen, scharfen Messer 6- bis 8-mal an mehreren Stellen einschneiden und die Einschnitte mit den Fingern etwas ausweiten. Die Thymianblätter mit dem Knoblauch und 1 TL Salz im Mörser zerstoßen. Wenn eine gleichmäßige Mischung entstanden ist, 1 EL Olivenöl und den Saft von ½ Zitrone zufügen.

Die getrockneten Aprikosen (schmecken fantastisch!) grob hacken und mit der Paste aus dem Mörser vermengen. Alle Öffnungen und Zwischenräume der Keule damit füllen. Die Reste außen auf der Haut verreiben. Leicht salzen. Etwas Öl in die Fettpfanne oder einen Bräter geben, die Lammkeule hineinlegen, im Backofen bei 225°C braten, bis sie gar ist. Dabei alle 30 Minuten wenden.

Pikant gewürzte geschmorte Lammhaxen

Die Haxen gehören zu den schmackhaftesten Teilen des Lamms. Mit diesem Rezept wird die Sauce besonders lecker. Das Fleisch fällt regelrecht von den Knochen. Servieren Sie dazu Kartoffelpüree, Polenta, Couscous oder Reis.

4 Portionen

4 Lammhaxen
Meersalz und frisch gemahlener schwarzer Pfeffer
1 TL Koriandersamen
1 kleine getrocknete rote Chilischote (oder 2 TL frischer Chili, gehackt)
1 EL frischer Rosmarin
1 TL getrockneter Majoran oder Oregano
1 EL Mehl
1 EL Olivenöl
1 Knoblauchzehe, geschält und fein gehackt
1 große Karotte, geviertelt und in feine Scheiben geschnitten
6 Selleriestangen, geviertelt und in feine Scheiben geschnitten
2 mittlere/große Zwiebeln, geviertelt und fein gehackt
2 EL Balsamico-Essig
170 ml trockener Weißwein
6 Anchovisfilets (Sardellenfilets)
2 Dosen Tomaten, ganz und geschält (je 400 g)
1 Hand voll frische, grob gehackte Kräuter, zum Beispiel Basilikum, Majoran oder glatte Petersilie

Das Lamm mit Meersalz und Pfeffer würzen. Koriandersamen und Chili im Mörser zerstoßen, mit Rosmarin und Majoran vermischen. Das Lamm in dieser Mischung wälzen und die Gewürze gut andrücken. Mit dem Mehl bestäuben.

Eine Kasserolle mit dickem Boden erhitzen, das Öl zufügen, das Fleisch von allen Seiten anbräunen, dann herausnehmen. Knoblauch, Karotten, Stangensellerie und Zwiebeln mit einer Prise Salz in die Kasserolle geben und weich dünsten. Den Balsamico-Essig zufügen und einkochen, bis er die Konsistenz von Sirup hat. Den Weißwein angießen und 2 Minuten köcheln lassen. Die Anchovis und die im Ganzen belassenen Dosentomaten zufügen. Die Kasserolle hin- und herrütteln und das Lamm wieder hineingeben. Zum Kochen bringen, zudecken und im Backofen bei 180°C ca. 1½ Stunden schmoren. Das Fett abschöpfen und die Sauce abschmecken. Zum Schluss die grob gehackten frischen Kräuter unterrühren.

LAMB
Randalls
LIME AND ROASTED GARLIC OIL
500ml

PORK

Das perfekte Brathähnchen

Brathähnchen gibt es bei mir jede Woche – ich versuche, immer etwas anderes damit anzustellen. Für mich ist dies das beste Brathähnchen-Rezept überhaupt – wirklich mal was anderes. Ich löse die Haut oben an der Brust vorsichtig vom Fleisch und fülle den Zwischenraum mit frischen aromatischen Kräutern wie Petersilie, Basilikum und Majoran. Dann binde ich das Hähnchen zusammen und brate es mit etwas Olivenöl und Salz.

4 Portionen
1 Hähnchen aus Freilandhaltung (1–1,5 kg)
Salz und frisch gemahlener schwarzer Pfeffer
knapp 3 Hand voll frische Kräuter (Basilikum, Petersilie, Majoran), die Blätter abgezupft und fein gehackt
4 EL Olivenöl
1 Zitrone, halbiert
4 Lorbeerblätter, zerpflückt
2 frische Rosmarinzweige

Den Backofen und ein Blech auf 225°C vorheizen. Das Hähnchen innen und außen waschen und mit Küchenpapier möglichst trocken tupfen. Reiben Sie das Hähnchen innen mit Salz ein und gehen Sie nun ganz behutsam zu Werke: Heben Sie die Haut oben an der Brust an. Passen Sie aber auf, dass sie nicht reißt. Mit der anderen Hand lösen Sie sie dann ebenso vorsichtig vom Brustfleisch. Normalerweise hängt da noch etwas Gewebe dran, das kann entweder in der Mitte dranbleiben und man schneidet auf jeder Seite einen kleinen »Tunnel« ein. Oder Sie versuchen den mittleren Teil wegzuschneiden. Bestreuen Sie die Öffnung mit etwas Salz, stopfen Sie die gehackten Kräuter hinein und träufeln Sie etwas Olivenöl darauf. Den Bauch fülle ich mit Zitronenscheiben, Lorbeerblättern und Rosmarin. Zum Schluss die Haut der Hähn-

chenbrust nach vorne ziehen, so dass kein Fleisch frei liegt, dann die kleinen Flügel anlegen und das Hähnchen möglichst fest zusammenbinden.

Das perfekte Brathähnchen hat eine weiche, saftige Brust und eine knusprige Haut. Das Fleisch an den Keulen muss regelrecht zerfallen. Deshalb sollten Sie jetzt die Keulen jeweils 3- bis 4-mal einschneiden und mit ein paar übrig gebliebenen Kräutern einreiben. So dringt die Hitze direkt in das Fleisch ein und es ist schneller durch. Nun noch die Haut mit etwas Olivenöl einreiben und großzügig pfeffern und salzen. Nehmen Sie das Blech aus dem Backofen und geben Sie etwas Öl hinein. Das Huhn mit der Brust nach oben hineinlegen und in den Ofen schieben. 5 Minuten braten, dann umdrehen. Weitere 5 Minuten braten. Schließlich das Huhn wieder mit der Brust nach oben auf das Blech legen und 1 Stunde bei 225°C braten.

Überschüssiges Fett, das auf das Backblech tropft, können Sie zum Braten der Kartoffeln verwenden (oder garen Sie diese gleich mit dem Huhn mit). Die Haut ist richtig knusprig und das Fleisch hat ein würziges Kräuteraroma – ich kann mir wirklich kein besseres Brathähnchen vorstellen.

Grünes Hähnchencurry

Mein Schwager hat mich auf dieses Rezept gebracht – er hat mal etwas Ähnliches in einem Thai-Restaurant gegessen. Ich habe mir eine Menge Rezepte angesehen – alle waren ganz unterschiedlich. Deshalb habe ich die Grundzutaten herausgepickt und noch ein paar frische Kräuter dazugetan, um es so aromatisch wie möglich zu machen. Wenn Sie kein Fleisch mögen, ersetzen Sie das Hähnchen einfach durch Ihr Lieblingsgemüse.

4 Portionen
4 Hähnchenbrüste, ohne Haut und Knochen, jeweils in 5 Stücke geschnitten
1 Dose Kokosmilch (400 ml)
1 Hand voll Pistazien, gehackt

Grüne Currypaste
6 Frühlingszwiebeln, gewaschen und geputzt
4–6 mittelgroße grüne Chilischoten, entkernt und fein gehackt
2 Knoblauchzehen, geschält
1 EL geschälte und fein gehackte Ingwerwurzel
1 EL Koriandersamen, zerstoßen oder zerdrückt
½ TL frisch gemahlener schwarzer Pfeffer
Meersalz nach Belieben

eine halbe Hand voll Limettenblätter, zerpflückt
2 Stängel Zitronengras, geschält und fein gehackt
gut 2 Hand voll frisches Basilikum, mit Stängeln
gut 3 Hand voll frisches Korianderkraut, mit Stängeln
3 EL frisch gepresstes Olivenöl
Schale und Saft von 3–4 unbehandelten Limetten (nach Belieben)

Alle Zutaten für die grüne Currypaste in den Mixer geben und zu einer glatten Paste verarbeiten. Das Hähnchen 30 Minuten in einem Teil der Paste marinieren. Die Hähnchenstücke mit etwas Öl in einer heißen Kasserolle oder einem Wok 4 Minuten braten. Die restliche Marinade zufügen. Die Kokosmilch einrühren, zum Kochen bringen und 8 Minuten sanft köcheln, bis das Hähnchen gar ist. Nach Belieben abschmecken. Das Curry sollte einen leicht scharfen Touch haben, aber noch einigermaßen mild sein.

Die Pistazien und einige Korianderblätter darüber streuen. Mit gedämpftem Reis oder Nudeln servieren. Schmeckt toll mit dem Kokos-Tomaten-Gurken-Limetten-Relish (siehe Seite 236).

Die unübertreffliche Ente in Honig-Austern-Sauce

Es gibt zwar eine ganze Menge Entenrezepte, aber das folgende ist wirklich außergewöhnlich. Dabei kann man die Ente sogar auf mehrere verschiedene Arten servieren: Sie können den Vogel ganz auf den Tisch bringen und dazu gebratenes Gemüse und die Bratensauce (siehe nächste Seite) reichen. Oder Sie lösen das Fleisch aus und servieren es mit Frühlingszwiebeln, Gurken, kleinen chinesischen Pfannkuchen und Pflaumensauce. Oder Sie lassen sich die Ente einfach am nächsten Tag kalt mit einem Salat schmecken. Wie wir alle wissen, liegt der Trick darin, eine möglichst knusprige Haut zu zaubern.

4 Portionen

gut 4 EL aromatischer Honig
8 EL Austernsauce
2 Barbarie- oder Gressingham-Enten (je 700–900 g)
2 Selleriestangen, in dünne Scheiben geschnitten
4 Frühlingszwiebeln, grob gehackt
6 Knoblauchzehen, geschält und zerdrückt
4 Lorbeerblätter
1 Hand voll Basilikum und Koriander, zerpflückt
1 mittelgroße frische rote Chilischote, in dünne Scheiben geschnitten
Salz und frisch gemahlener schwarzer Pfeffer

Den Backofen auf 225 °C vorheizen. Für die Sauce den Honig und die Austernsauce in einem Topf erwärmen. Das überflüssige Fett im Bauchraum der Enten entfernen. Die Enten innen und außen waschen und mit Küchenpapier trocken tupfen. Das Gemüse, Knoblauch, Kräuter und Chili mit zwei großzügigen Prisen Salz und schwarzem Pfeffer in einer Schüssel vermischen und die Mischung in die Enten füllen.

Legen Sie die Enten in der Fettpfanne auf ein Gitter. Dann knapp 600 ml kochendes Wasser in die Fettpfanne gießen, diese mitsamt der Enten straff mit Alufolie umwickeln und für 1 Stunde in den Backofen schieben. Dadurch werden die Enten gedämpft und das Fett beginnt auszutreten. Die Enten vorsichtig aus dem Ofen nehmen und die Alufolie entfernen. Passen Sie auf, dass Sie sich dabei nicht verbrennen! Streichen Sie dann mit einem Messerrücken unter leichtem Druck über die Haut der Enten. Auf diese Weise drücken Sie eine Unmenge Fett aus der Haut. Lassen Sie dieses in die Fettpfanne tropfen und gießen Sie dann die gesamte Flüssigkeit in eine Schüssel, wo sich Fett und Säfte trennen. Verwenden Sie das Fett, das oben schwimmt, zum Braten von Kartoffeln und die Brühe, die sich unten gesammelt hat, für die Zubereitung der Bratensauce (siehe unten). Bepinseln Sie die Enten nun rundherum mit der Honig-Austern-Sauce. Diese Glasur brät in die Haut ein und verleiht ihr nicht nur eine dunkle Farbe, sondern auch einen super Geschmack.

Die Enten auf dem Gitter samt Fettpfanne wieder in den Backofen schieben und darauf achten, dass die Haut nicht verbrennt; so oft wenden, wie Sie Lust haben. (Lassen Sie wirklich nichts anbrennen! Decken Sie das Geflügel eventuell mit Folie ab oder schalten Sie die Temperatur herunter.) Alle 10 Minuten mit der Honig-Austern-Sauce bepinseln. Die Enten nach 40 Minuten aus dem Ofen nehmen und ruhen lassen, während Sie die Bratensauce zubereiten. Das Fleisch sollte völlig durch (nicht rosa) und die Haut knusprig und dünn sein, da der größte Teil des Fettes geschmolzen ist.

Bratensauce

Überschüssiges Fett aus der Fettpfanne abschöpfen und die Fettpfanne mit der verbliebenen Flüssigkeit auf den Herd stellen. Bei niedriger Hitze sirupartig einkochen lassen. Die Füllung aus den Enten nehmen und mit der vorher aufgefangenen Brühe in die Fettpfanne geben. (Wenn Sie möchten, können Sie in dieser Phase ein großes Glas Wein angießen und den Wein 1 Minute einkochen lassen, bevor Sie die Brühe zugießen.) Umrühren und auf die Hälfte reduzieren. Achten Sie darauf, dass sich der ganze Bratensatz in der Sauce auflöst. Die Flüssigkeit durch ein Sieb in einen kleinen Topf gießen, stehen lassen und dann nochmals abschöpfen. Falls nötig, würzen.

Gebratenes Perlhuhn mit Salbei, Sellerie und Blutorangen

Ein tolles Rezept! Das Perlhuhn wird langsam im Topf gegart, so dass es halb schmort und halb brät. Die Butter passt zusammen mit dem Salbei und dem Knoblauch ganz vorzüglich zum Perlhuhn. Die frischen und duftigen Nuancen von Blutorange, Thymian und Sellerie, die als Füllung verwendet werden, strömen in den Bauchraum ein und geben ihr Aroma an das Brustfleisch ab. Die Füllung ist zudem eine leckere Ergänzung für die Bratensauce (siehe Seite 128).

4–6 Portionen

2 Perlhühner (je ca. 1000 g)
8 Blutorangen
1 Stangensellerie
1 kleine Hand voll frischer Thymian, die Blätter abgezupft
Meersalz und frisch gemahlener schwarzer Pfeffer
1 EL Olivenöl
6 Knoblauchzehen, ganz und ungeschält
85 g Butter
10 Salbeiblätter
350 ml fruchtiger trockener Weißwein

Das Fett im Bauch der Perlhühner entfernen. Das Geflügel innen und außen gründlich waschen und mit Küchenpapier trocken tupfen. Außen und innen mit Meersalz und Pfeffer einreiben. Vorsichtig die Schale von den Orangen ablösen. (Wenn Sie ein Stückchen Schale abgeschnitten haben, finden Sie leicht die Stelle, wo Fruchtfleisch und Schale ineinander übergehen.) Jede Orange in fünf oder sechs Scheiben schneiden. Die harten äußeren Stiele des Selleries entfernen, bis Sie an die weißen im Inneren kommen, diese in feine Scheiben schneiden. Orangen und Sellerie in eine Schüssel geben, mit dem Thymian und jeweils einer kleinen Prise Salz und Pfeffer vermischen und mit dieser Mischung die Perlhühner füllen. Ziehen Sie die Haut über die Bauchöffnung nach vorne, damit die Füllung gut eingeschlossen ist, und binden Sie das Geflügel fest zusammen (siehe Seite 120: Vorbereitung von Brathähnchen).

Einen Bräter mit dickem Boden erhitzen, das Olivenöl und die Perlhühner hineingeben. Von allen Seiten scharf anbraten, bis sie hellgolden sind, dann Knoblauch, Salbei und Butter zugeben und 3–4 Minuten goldbraun anbraten. Regelmäßig so viel Wein angießen, dass der Topfboden immer leicht bedeckt ist. Für 45 Minuten bei 225 °C in den Ofen schieben. Dabei alle 10–15 Minuten

nachsehen und, falls nötig, etwas Wein nachgießen. Die Perlhühner werden gleichzeitig gebraten und geschmort.

Wenn das Geflügel gar ist, vorsichtig aus dem Ofen nehmen und für mindestens 5 Minuten mit der Unterseite nach oben auf eine Platte legen, damit sich Säfte und Feuchtigkeit wieder im Brustfleisch sammeln können. Während die Hühner ruhen, bereiten Sie die Sauce zu.

Bratensauce

Das Fett aus dem Bräter gießen und diesen bei geringer Wärmezufuhr auf den Herd stellen. Auf dem Topfboden befinden sich die weich gekochten, süßlichen ganzen Knoblauchzehen und der köstliche Bratensatz. Wenn das alles erwärmt ist, geben Sie die Füllung aus den Perlhühnern in den Topf und gießen ein Glas Wein zu. Während der Wein kocht und verdampft, schaben Sie den Bratensatz mit einem Löffel vom Topfboden ab. Wenn er sich in der Flüssigkeit aufgelöst hat, leise köcheln lassen. Den gedünsteten Knoblauch mit einem Löffel aus der Haut drücken (die Haut wegwerfen); dadurch wird die Sauce etwas dicker und erhält ein wenig Extra-Geschmack. Den Bratensaft, den Sie von den ruhenden Perlhühnern aufgefangen haben, in den Topf mit der Bratensauce gießen, köcheln und abschmecken. Die Perlhühner mit Röstkartoffeln und grünem Gemüse – etwa Spinat, Grünkohl, Pak Choi oder jungem Brokkoli – servieren.

Gebratenes Kaninchen mit Rosmarin, Thymian, Salbei und Zitrone

Kaninchen hat ein zartes und angenehmes Aroma und ist zudem ein guter Geschmacksträger. Es eignet sich gut für Schmorgerichte. Bei diesem Rezept wird es jedoch rasch im Topf gebraten.

2 Portionen
1 Kaninchen
1 unbehandelte Zitrone
Salz und frisch gemahlener schwarzer Pfeffer
1 gehäufter EL gehackter Rosmarin
1 gehäufter EL gehackter Thymian
1 EL Olivenöl
1 TL und 1 EL Butter
8 Salbeiblätter
½ Knoblauchzehe, geschält und in feine Scheiben geschnitten
1 großes Glas Weißwein

Für dieses Rezept brauchen Sie einen Topf oder eine Kasserolle, die Sie sowohl auf dem Herd als auch im Backrohr verwenden können. Das Kaninchen sollte in 4 Keulen und 4 Rückenstücke geteilt werden – das macht Ihr Fleischer oder Sie kaufen ein bereits zerlegtes Tier.

Von der Zitronenschale den duftenden gelben Teil mit einem Schäler ablösen und in Streifen schneiden. Etwas Zitronensaft auf die Kaninchenteile träufeln, so dass sie leicht benetzt sind. Die Stücke großzügig salzen und pfeffern und im Rosmarin und Thymian wälzen.

Das Olivenöl in einem heißen Topf erhitzen, die Kaninchenteile und den restlichen Rosmarin und Thymian hineingeben und 5 Minuten bzw. so lange stark anbraten, bis das Fleisch goldbraun ist. Etwa nach der Hälfte der Zeit die Zitronenschale, 1 TL Butter und die Salbeiblätter zufügen (sie sollen knusprig werden). Den Knoblauch hineingeben und eine weitere Minute braten, so dass er weich wird, aber keine Farbe annimmt. Den Weißwein angießen; er soll schön zischen. Das Ganze schließlich noch für ca. 10 Minuten bei 200°C in den Backofen schieben. Aus dem Ofen nehmen, im Topf 1 EL Butter zerlaufen lassen und untermischen. Dann ein paar Minuten ruhen lassen – Wein und Butter ergeben eine wunderbar milde Sauce.

Mit Röstkartoffeln und gebackenen roten Zwiebeln (siehe Seite 153) servieren.

Gekochter Schinken mit Erbsenbrei

Dieses Rezept erinnert mich immer an meine Oma, die es oft zubereitet hat, als ich noch ein kleiner Junge war. Sie holte dabei das Beste aus ihrem Dampfkochtopf heraus! Der Schinken schmeckt einfach köstlich, vor allem mit Erbsenbrei und Englischem Senf. Ich nehme immer gepökelten Schinken, da er keinen so dominanten Geschmack hat und man ihn kochen kann. Vergessen Sie nicht, die Erbsen am Vorabend einzuweichen.

6–8 Portionen

1,5 kg gepökelter Schinken

Brühe

2 Lorbeerblätter
3 Gewürznelken
5 schwarze Pfefferkörner
2 mittelgroße Zwiebeln, grob gehackt
3 mittelgroße Karotten, grob gehackt
5 Selleriestangen, grob gehackt

Erbsenbrei (siehe Seite 161)

Gemüse

12 kleine Karotten, im Ganzen
1 geputzter Stangensellerie, im Ganzen
12 kleine Lauchstangen, im Ganzen

Die Kochzeit des Schinkens beträgt 25 Minuten pro 500 g plus 30 Minuten. Den Schinken ein paar Stunden in kaltes Wasser legen, damit das überschüssige Salz ausgeschwemmt wird. Sie können ihn auch in einen großen Topf geben, mit kaltem Wasser bedecken, langsam zum Kochen bringen und dann das Wasser ausgießen.

Den Schinken mit frischem kalten Wasser bedecken, die restlichen Zutaten für die Brühe und den Erbsenbrei (diese in einem Mullsäckchen) zugeben. Langsam zum Kochen bringen. Falls nötig, den Schaum abschöpfen, dann zudecken. Berechnen Sie die Kochzeit von diesem Moment an und reduzieren Sie die Temperatur auf ein leises Köcheln. Etwa 30 Minuten vor Ende der Kochzeit gare ich das ganze Gemüse zusammen mit dem Schinken in seiner Brühe. Nach Ablauf der Kochzeit alles aus dem Topf nehmen, Karotten und Sellerie vierteln und zur Seite stellen. Schwarte und überschüssiges Fett vom Schinken entfernen.

Den Erbsenbrei aus dem Mullsäckchen nehmen, mit der Butter und etwas schwarzem Pfeffer stampfen und gut durchmischen. Ein wenig von der Brühe als Sauce oder als Grundlage für die Sauce verwenden, wenn Sie sie dicker mögen. Den Schinken heiß mit einem Klecks Erbsenbrei, dem Gemüse, etwas Sauce und Englischem Senf servieren. Die übrige Brühe für Suppen einfrieren – man kann damit eine super Minestrone machen.

HACKFLEISCH

Zu Hause verwende ich ziemlich oft Hackfleisch. Ich kaufe ein Stück Fleisch, das sich zum Durchdrehen eignet (fragen Sie Ihren Fleischer!), dann drehe ich es selbst durch den Wolf oder jage es durch die Küchenmaschine. Das Gute am selbst gemachten Hackfleisch ist, dass man weiß, was drin ist. Man kann es also ganz beruhigt halb roh, medium oder gut durch zubereiten. Als Alternative können Sie bei Ihrem Fleischer ein Stück Fleisch aussuchen und es vor Ihren Augen durchdrehen lassen. Und scheuen Sie sich nicht vor dem Fett – jede Art von Hackgerichten, insbesondere Würstchen, brauchen eine gute Portion Fett; es macht das Fleisch beim Garen schön saftig – und das meiste davon wird ohnehin herausgekocht.

Hackfleischbällchen

4–6 Portionen

1 kg Fleisch zum Durchdrehen oder fertiges Hackfleisch
2 Scheiben Weißbrot
2 gestrichene TL getrockneter Oregano
½ TL Kreuzkümmelsamen, zerstoßen
½ kleine getrocknete rote Chilischote, zerstoßen
1 EL frischer Rosmarin, fein gehackt
1 Eigelb
Salz und frisch gemahlener schwarzer Pfeffer
4 EL Olivenöl
1 x das Tomatensaucenrezept von Seite 237
2 Hand voll frisches Basilikum, die Blätter abgezupft und zerpflückt
60 g Mozzarella, gewürfelt
60 g Parmesan, gerieben

nach Belieben

1 Zwiebel, fein gehackt
1 Knoblauchzehe, geschält und fein gehackt
1 EL Olivenöl
1 gestrichener TL Dijonsenf

Wenn das Fleisch nicht gehackt ist, in der Küchenmaschine zerkleinern und in eine Schüssel geben. Dann die Brotscheiben zu Semmelbröseln verarbeiten und mit dem Oregano, Kreuzkümmel, Chili, Rosmarin und Eigelb zum Hackfleisch geben. Mit 2 gestrichenen TL Salz und einer guten Prise schwarzem Pfeffer würzen. Zusätzliche Zutaten beifügen (diese vorher dünsten und abkühlen lassen). Alles gut durchmischen und mit feuchten Händen Fleischklößchen in beliebiger Größe herstellen. Sie können diese nun sofort zubereiten oder auf Pergamentpapier legen, mit Frischhaltefolie abdecken und bis zu 24 Stunden im Kühlschrank aufbewahren.

Eine Kasserolle mit dickem Boden sehr heiß werden lassen, 3–4 EL Olivenöl auf dem Topfboden verteilen, die Fleischbällchen zufügen und braten, bis sie rundum angebräunt sind. Den Topf vorsichtig hin- und herrütteln, so dass die Bällchen auf allen Seiten eine schöne Farbe annehmen. Die Temperatur herunterschalten, die Bällchen mit der Tomatensauce (siehe Seite 237), reichlich zerpflücktem Basilikum, etwas gewürfeltem Mozarella und geriebenem Parmesan bedecken. Im Ofen ca. 15–20 Minuten bei 200°C überbacken.

GEMÜSE

Artischocken mit Kirschtomaten, Thymian und Basilikum

In Sachen Gemüse ist einiges in Bewegung. Die Generation unserer Eltern wuchs noch zu einer Zeit auf, als man von der aktuellen Vielfalt an Gemüse noch nicht einmal träumen konnte. Folglich halten sich viele Leute bis heute lieber an das, was sie kennen – ich glaube, offen gesagt, dass ihnen dabei eine ganze Menge entgeht. Als Folge der Konkurrenz zwischen den Supermärkten und des zunehmenden Interesses der Öffentlichkeit an gutem Essen haben sich Qualität und Auswahl verbessert und werden dies auch weiter tun. Blattgemüse und Salate sind gut und werden immer besser, sind aber nach meinem Dafürhalten etwas zu teuer. Ich glaube nicht, dass die Supermärkte die lokalen Produkte ausreichend berücksichtigen. Wenn sie es täten, würde sich das auf Frische und Qualität positiv auswirken (auf den Preis wohl eher nicht). Manche Anbieter sind schon auf dem richtigen Weg und könnten ihr Angebot auch auf Gemüse ausdehnen – stellen Sie sich einmal eine Kette vor, die nur lokale Bio-Produkte vertreibt: frische Rote Bete samt Blättern, Sellerie, Spargel, Steckrüben, spezielle Kartoffelsorten, Zucchini mit Blüten, Mangold, dicke Bohnen – ich könnte die Liste endlos fortführen. Diese Gemüsesorten gedeihen auch in Eigenbau bestens. Ich weiß das, weil mein Dad sie alle im Garten zieht.

Für meine Arbeit als Küchenchef verwende ich nur das beste Bio-Gemüse – es ist allerdings ziemlich teuer. Bio-Gemüse schmeckt besser und ist gesünder, da gibt es keinen Zweifel. Es ist nicht einheitlich groß, oft unregelmäßig geformt und im Allgemeinen auch nicht steril sauber und essfertig. Darin liegt meiner Meinung nach auch der Grund, warum Bio-Gemüse noch immer nicht so eingeschlagen hat, wie es eigentlich sollte – besonders heute, in einer Zeit, in der jeder von uns viel beschäftigt ist und ständig unter Stress steht. Für Freunde, die Familie oder zu speziellen Anlässen sollte man weder Kosten noch Mühe scheuen. Und wenn Sie Saisongemüse kaufen, kommen Sie immer preisgünstiger und qualitativ besser weg.

Das einzige Problem, das bei der Zubereitung von Gemüse immer wieder auftritt, ist, dass ihm die richtige Würze fehlt. Sie müssen das Gemüse während der gesamten Zubereitungszeit ständig ein wenig würzen, umrühren und erneut abschmecken. Übrigens: Leisten Sie sich doch mal ein Päckchen Meersalz. Sie werden es kaum glauben, aber es schmeckt wirklich sehr viel besser als gewöhnliches Salz!

ARTISCHOCKEN

Artischocken werden immer beliebter. Ich habe aber den Eindruck, dass die meisten Leute bei Artischocken nur an das im Ganzen gekochte Gemüse denken, das mit viel Butter, Meersalz und frisch gemahlenem Pfeffer serviert wird. Ja, natürlich, klar! Aber das ist nur die Spitze des Eisbergs. Artischocken kann man roh in Salaten essen, in letzter Minute auf der Pizza verteilen, frittieren, backen, dämpfen und grillen.

Beim Kauf von Artischocken sollten Sie darauf achten, dass sie keine verdorbenen Stellen, Macken oder Druckstellen haben. Sie sollten so »wächsern« erscheinen, als seien sie gerade frisch geerntet worden.

Vorbereitung

Tragen Sie dabei Gummihandschuhe, wenn Sie möchten. Die Artischocken können Ihre Hände schwärzlich verfärben und recht stachelig sein.

Die Stiele der Artischocken auf etwa 5 cm vom Boden kürzen und die oberen Teile der Blätter abschneiden. Dann die harten äußeren Blätter einzeln entfernen. Wenn Sie bei den zarteren Blättern angekommen sind, müssen Sie das Heu mit einem Teelöffel herausheben. Diesen behutsam in die Mitte der Artischocke einführen und vorsichtig drehen. (Wenn Sie das einmal gemacht haben, werden Sie ein Gefühl dafür bekommen, wie Sie den Löffel am besten führen, um das Heu vollständig herauszuholen und dabei die Seiten der Artischocke nicht zu verletzen). Nun noch die faserige Außenhaut des Stiels mit einem Schäler entfernen. Die Artischocken in Wasser mit Zitronensaft legen, damit sie nicht braun werden.

Das alles hört sich vielleicht etwas kompliziert an, es lohnt sich aber. Je öfter Sie es machen, umso schneller werden Sie. Mit etwas Übung sollten Sie pro Artischocke nicht länger als 1 Minute brauchen!

Gedünstete Artischocken mit Zitrone, Thymian und Knoblauch

Ein tolles Artischockenrezept, das besonders für all jene geeignet ist, die zum ersten Mal Artischocken zubereiten.

4 Portionen
2 EL Olivenöl
1 Knoblauchzehe, geschält und in Scheiben geschnitten
Saft und Schale von 1 großen unbehandelten Zitrone
8 mittlere/große Artischocken, vorbereitet (siehe Seite 137)
1 kleine Hand voll frischer Thymian, die Blätter abgezupft
100 ml trockener Weißwein
Salz und frisch gemahlener schwarzer Pfeffer
1 EL Butter

Olivenöl und Knoblauch in eine ziemlich heiße Kasserolle mit dickem Boden geben. Den Knoblauch anschwitzen, bis er weich ist, er sollte jedoch keine Farbe annehmen. Kleine Streifen der Zitronenschale (an der Schale darf keine weiße Haut mehr hängen) zum Knoblauch geben und umrühren. Die halbierten oder geviertelten Artischocken und eine Prise Salz hineingeben und durchmischen. Das sollte alles bei mäßiger Hitze geschehen, so dass die Zutaten brutzeln, aber keine Farbe annehmen und nicht anbrennen.

Zitronensaft und Thymian zugeben und etwa 3 Minuten dünsten, bis die Flüssigkeit aus dem Topf verdampft ist. Den Wein angießen, Topf zudecken und die Artischocken 10 Minuten bzw. so lange köcheln, bis sie weich sind. Von der Kochstelle nehmen und mit Salz und Pfeffer abschmecken. Die Butter hineingeben und zergehen lassen, dann den Topf wieder zudecken und 1 Minute stehen lassen. Sofort servieren – entweder als Beilage zu Fisch oder weißem Fleisch oder als Vorspeise.

Artischocken mit Kirschtomaten, Thymian und Basilikum

4 Portionen
4 mittlere/große Artischocken
Olivenöl
Meersalz und frisch gemahlener schwarzer Pfeffer
2 Knoblauchzehen, in feine Scheiben geschnitten
1 Hand voll frische Thymianblätter
Saft von ½ Zitrone
10 reife rote Kirschtomaten
10 reife gelbe Kirschtomaten
1 Hand voll frisches Basilikum, zerpflückt
1 kleine getrocknete rote Chilischote (nach Belieben)

Kurz bevor Sie mit dem Kochen beginnen, die Artischocken vorbereiten (siehe Seite 137) und vierteln. In einem Topf mit dickem Boden in etwas Olivenöl und mit einer großzügigen Prise Salz etwa 4–5 Minuten bei geschlossenem Deckel leicht anbraten. Den Deckel abnehmen und jeweils die Hälfte vom Knoblauch und Thymian (den Sie hacken können, um das Aroma zu verstärken) zugeben. Den Knoblauch weich dünsten, dann den Zitronensaft zugießen und weiterdünsten, bis die gesamte Flüssigkeit verkocht ist.

Von der Kochstelle nehmen. Die Tomaten waschen, entstielen und mit etwas Olivenöl, der Hälfte der zerpflückten Basilikumblätter, jeweils einer Prise Salz und Pfeffer und der getrockneten Chilischote in eine Schüssel geben. Gut vermischen und in einer Keramikauflaufform verteilen.

Die Artischocken und den restlichen Knoblauch zwischen den Tomaten in der Form verteilen. Den verbliebenen Thymian und das restliche Basilikum darüber streuen. Mit Meersalz und schwarzem Pfeffer würzen und mit gutem Olivenöl beträufeln. Im Ofen bei 180°C ca. 40 Minuten backen. Sie können das Gemüse auch bei höherer Temperatur garen, dann müssen Sie aber immer wieder ein Auge darauf werfen, damit es nicht anbrennt.

Kartoffelpüree

Ich liebe Kartoffelpüree! Jeder hat es schon mal gekocht, deshalb versuche ich auch gar nicht, Ihnen ein neues Rezept beizubringen – aber es gibt eben gutes Kartoffelpüree und schlechtes Kartoffelpüree. Ohne zusätzlichen Aufwand zaubern Sie ein wirklich leckeres Püree und mit Hilfe von einfachen Variationen bekommt der Brei eine ganz andere Geschmacksnuance.

1,5 kg mehlige Kartoffeln (Desirée, Bintje)
1 EL Salz

Die Kartoffeln waschen, schälen und nochmals waschen. In gleich große Stücke schneiden, damit alle gleichzeitig gar werden. Mit Wasser bedecken und das Salz zugeben. Weich kochen (bis sie leicht von der Klinge fallen, wenn man sie mit einem Messer aufspießt – oder Sie nehmen einfach ein Stück heraus, schneiden ein Eckchen davon ab und kosten, ob die Kartoffeln gar sind). Die Kartoffeln in ein Sieb geben und 4 Minuten ruhen lassen, damit die gesamte Flüssigkeit und der Wasserdampf entweichen. Dann können Sie die Kartoffeln entweder zurück in den Topf geben, um sie dort zu zerstampfen oder aber ein Passiergerät oder eine Kartoffelpresse verwenden (letztere ähnelt einer überdimensionalen Knoblauchpresse).

VARIATIONEN

Kartoffelpüree mit Butter

Verfeinern Sie Ihr Kartoffelpüree mit 50–100 g Butter. Mit Salz, frisch gemahlenem schwarzen Pfeffer und Muskatnuss abschmecken.

Kartoffelpüree mit Sahne

75 g Butter und 150 ml flüssige Sahne zum Kartoffelpüree geben. Mit Salz, frisch gemahlenem schwarzen Pfeffer und Muskatnuss abschmecken und gut durchrühren, bis das Püree schön glatt und cremig ist.

Kartoffelpüree mit Meerrettich

Einfach 50 g Butter und 2 gehäufte EL Meerrettichsauce oder Sahnemeerrettich zum Kartoffelpüree geben. Wenn Sie frischen Meerrettich ergattern können, verwenden Sie den: waschen, schälen und etwa 1½ EL voll reiben. Dann 2 EL Sahne einrühren. Mit Salz und frisch gemahlenem schwarzen Pfeffer abschmecken. Frischer Meerrettich duftet stärker, ist etwas schärfer und schmeckt besser!

Kartoffelpüree mit Parmesan und Trüffel

Geben Sie 50 g Butter und 2–3 Hand voll geriebenen Parmesan zum Püree. Gut vermischen und 1 EL Trüffelöl (nach Belieben) darüber träufeln.

Trüffelöl ist heutzutage in Delikatessengeschäften und vielen Lebensmittelabteilungen erhältlich. Der Geschmack ist ziemlich interessant und es lohnt sich schon, es mal auszuprobieren.

Kartoffelpüree mit schwarzen Oliven

Kaufen Sie 300 g hochwertige schwarze Oliven und entfernen Sie die Kerne. Etwa zwei Drittel der Oliven in der Küchenmaschine pürieren oder sehr fein hacken, den Rest grob gehackt dazugeben, so dass in der Mischung auch noch ein paar Stückchen zu finden sind. In das Kartoffelpüree rühren und kosten – wahrscheinlich ist kein Nachsalzen nötig, weil die Oliven im Allgemeinen schon recht salzig sind. Geben Sie aber etwas frisch gemahlenen schwarzen Pfeffer und 1 oder 2 EL gutes Olivenöl dazu.

GRÜNER SPARGEL

Wenn guter grüner Spargel Saison hat, dann gibt es absolut nichts Vergleichbares. Man kann ihn gekocht, gebacken, gedämpft, gegrillt oder gebraten servieren, als Vorspeise, als Gemüsegericht oder als Beilage zu Fleisch oder Fisch. Beim Spargelkauf sehe ich mich immer nach dicken, fetten, tiefgrünen Stangen um, die dünnen können jedoch ebenso köstlich sein. Machen Sie einen Bogen um weißliche, holzige Stangen und knospende Spitzen.

Ich mache nicht allzu viel Aufhebens von Spargel – die Geschmackszutaten sollten entweder recht unaufdringlich sein, etwa gutes Olivenöl oder Butter, oder einen interessanten Kontrast zum Spargel bilden, wie Sardellenbutter oder Gorgonzola.

Gekochter grüner Spargel mit Schmelzkäse

Auf dem Heimweg von der Arbeit kaufe ich irgendeinen Käse, der schmilzt, klebt, Fäden zieht und sich wie ein Mantel über meinen herrlichen Spargel legt. Das ist total einfach und schmeckt prima!

4 Portionen

750–1000 g frischer grüner Spargel, geputzt und, falls nötig, geschält
125–150 g gut schmelzender Käse (z.B. Gorgonzola, Taleggio oder Parmesan)
1 kleine Hand voll frische Kräuter, darunter Basilikum, Majoran und Petersilie
Salz und frisch gemahlener schwarzer Pfeffer

Den Spargel in kochendem Salzwasser weich kochen. Abgießen und mit dem zerkleinerten Käse, den Kräutern, Salz und Pfeffer in eine Schüssel geben. Vermischen, bis der Käse halb geschmolzen ist, und servieren.

Gedämpfter grüner Spargel mit Zitrone und Sardellenbutter

Wenn Sie Spargel dämpfen, würzen Sie ihn nicht; dafür sorgen die Sardellen mit ihrem Salzgeschmack. Versuchen Sie es auch mit einer anderen Würzbutter (siehe Seite 227).

4 Portionen
60g Sardellen (Anchovis) der allerbesten Qualität
150g Butter
1 kleine Prise getrocknete Chilischoten
frisch gemahlener schwarzer Pfeffer
Saft von 1 Zitrone
750–1000g frischer grüner Spargel, geputzt und, falls nötig, geschält

Die Sardellen in der Küchenmaschine pürieren (oder fein hacken), Butter, Chili und Pfeffer zugeben. Mit dem Zitronensaft abschmecken. Den Spargel weich dämpfen – an einer Stange probieren, ob er gar ist. Sie können den Spargel vor dem Servieren mit der Sardellenbutter vermischen oder mit einem Stückchen Würzbutter servieren.

Gegrillter grüner Spargel mit Olivenöl und Meersalz

4 Portionen
750–1000g frischer grüner Spargel, geputzt und, falls nötig, geschält
4 EL kalt gepresstes Olivenöl (Extra Vergine) oder Butter
Meersalz

Für dieses Rezept verwende ich eine dieser Grillpfannen, die man einfach auf den Herd stellt und rauchend heiß werden lässt. Geben Sie den Spargel hinein und lassen Sie ihn auf beiden Seiten scharf anbräunen. Wenn er rundum gleichmäßig braun ist, dürfte er auch perfekt gar sein. Vor dem Servieren mit dem besten Olivenöl, das Sie ergattern können, beträufeln oder etwas Butter darüber geben. Mit Meersalz abschmecken.

Gebackener grüner Spargel mit Kirschtomaten, schwarzen Oliven und Basilikum

Ein erstklassiges Rezept! Die Süße der Tomaten, der rauchige Geschmack von guten schwarzen Oliven, der Duft des frischen Basilikums und die Frische des Spargels sind eine klasse Kombination.

4 Portionen
750–1000g frischer grüner Spargel, geputzt und, falls nötig, geschält
gut 1 Hand voll schwarze Oliven
20 Kirschtomaten, klein und reif
3 EL Olivenöl
1 Knoblauchzehe, geschält und in feine Scheiben geschnitten
gut 1 Hand voll frisches Basilikum
Salz und frisch gemahlener schwarzer Pfeffer
1 kleine Prise getrocknete rote Chilischoten, zerbröselt

Alle Zutaten in einer Schüssel vermischen und in einen heißen feuerfesten Topf oder die Fettpfanne des Backofens geben. Im vorgeheizten Backofen bei 225°C ca. 10–12 Minuten backen, dabei 2–3 Mal wenden. Sofort servieren.

Für dieses Gericht gare ich den Spargel etwas länger als gewöhnlich – so lange, dass er gerade noch seine Form behält, dabei aber all die herrlichen Aromen rundherum aufnehmen kann.

Gedünsteter Wirsing mit Räucherspeck und Erbsen

Dieses Rezept zeigt den langweiligen alten Wirsing in ganz neuem Licht. Passt gut zu gebratenem Geflügel oder Wildgeflügel mit frischen jungen Erbsen und Räucherspeck. Die Verwendung von verschiedenen Kohlsorten liefert Struktur, Farbe und einen interessanteren Geschmack.

8 Portionen

1 Kopf Wirsing sowie die entsprechende Menge Frühlingsgemüse, Rosenkohl oder Schwarzkohl, grob gehackt
2 EL Olivenöl
6 Scheiben durchwachsener Räucherspeck, in 1 cm breite Streifen geschnitten
1 TL gehackter Rosmarin
1½ Knoblauchzehen, geschält und fein gehackt
150 ml Hühner- oder Gemüsebrühe oder Wasser
175–200 g frische grüne Erbsen ohne Schoten
Salz und frisch gemahlener schwarzer Pfeffer
100 g Butter

Die äußeren Blätter des Wirsings entfernen. Wenn sie nicht verwelkt, gelb oder von Raupen angefressen sind, vom harten Stiel befreien und waschen. (Diese Blätter sind gewöhnlich am grünsten und auch am gesündesten – sie sind schmackhafter, müssen aber etwas länger gekocht werden.) Grob hacken, in eine Schüssel geben und beiseite stellen.

Vom zarten Wirsinginneren die harten Rippen größtenteils entfernen und die Blätter grob hacken. Das Olivenöl in einen heißen Topf mit dickem Boden geben und den Speck darin anbraten. Nach 1 Minute Rosmarin und Knoblauch zugeben und vermischen – das duftet fantastisch! Der Knoblauch soll weich werden und etwas Farbe annehmen, während der Speck goldbraun brät. Die grünen Außenblätter des Wirsings und etwas Brühe oder Wasser zugeben, umrühren, den Topf zudecken und 1 Minute dämpfen. Dann den restlichen Wirsing und das übrige Gemüse, die Erbsen und jeweils 1 Prise Salz und Pfeffer zufügen. Den Rest der Brühe einrühren.

Den Topf wieder zudecken und 12–15 Minuten köcheln; das Gemüse soll noch eine gute Farbe haben, aber gerade weich sein. Den Herd abschalten, die Butter zufügen und noch ca. 5 Minuten stehen lassen. Vor dem Servieren mit Salz und Pfeffer würzen.

Gebratenes chinesisches Gemüse mit Ingwer, Austern- und Sojasauce

Für dieses Rezept verwende ich eine beliebige Mischung chinesischer Gemüse, die gerade Saison haben. Es schmeckt lecker und ist rasch zubereitet.

4–6 Portionen

300–400 g gemischtes chinesisches Gemüse, etwa Pak Choi, Chinakohl, chinesischer Brokkoli (Gai Larn), junger Spinat
3 EL Walnussöl
1 EL Sesamöl
½ TL geschälter und in feine Scheiben geschnittener Ingwer
4 Frühlingszwiebeln
2 EL Austernsauce
1 EL Sojasauce
2 Prisen Zucker
Saft von 1 Limette
Salz und frisch gemahlener schwarzer Pfeffer

Entfernen Sie alle schadhaften äußeren Teile vom Gemüse. Legen Sie den Spinat beiseite; er kommt erst in letzter Minute in den Wok oder in den Topf, da er sehr rasch gart. Bereiten Sie den Rest der chinesischen Gemüse vor: Ich schneide den Chinakohl und den chinesischen Brokkoli normalerweise in Streifen, während ich Pak Choi viertele. Das Gemüse ca. 1½ Minuten in siedendem Wasser blanchieren und gut abgießen.

Öl und Ingwer in einen sehr großen heißen Wok oder einen anderen geeigneten Topf geben und ca. 30 Sekunden andunsten. Die in feine Streifen geschnittenen Frühlingszwiebeln und den Rest der Zutaten außer Spinat, Pfeffer und Salz zugeben. Umrühren, dann den Spinat hinzufügen und vermischen, so dass alles von der Sauce überzogen wird. Das Gemüse gart zischend, die Austern- und die Sojasauce reduzieren sich soweit, dass sie nur noch das Gemüse überziehen. Mit Salz und Pfeffer abschmecken. Noch eine Minute unter Rühren braten und sofort servieren.

Pikanter gebackener Kürbis

6 Portionen

1 mittlerer/großer Butternut-Kürbis (1–1½kg), ersatzweise 1 größerer Hokkaido-Kürbis

2 TL Koriandersamen

2 TL getrockneter Oregano

½ TL Fenchelsamen

2 kleine getrocknete rote Chilischoten (nach Belieben)

1 TL Salz

1 TL frisch gemahlener schwarzer Pfeffer

1 Knoblauchzehe, geschält

1 EL Olivenöl

Den Kürbis waschen und mit einem scharfen Messer halbieren. Mit einem großen Löffel die Kerne aus dem Kürbis schaben (die können Sie mit etwas Öl und Meersalz rösten und wie Erdnüsse zu Drinks knabbern). Den Kürbis der Länge nach vierteln und dann die Viertel halbieren – die Kürbisspalten sollten ca. 2,5 cm dick sein.

Alle getrockneten Kräuter und Gewürze zusammen mit Salz und Pfeffer im Mörser zerstoßen. Dann die Knoblauchzehe zu den Gewürzen geben und zerstoßen. Die Mischung in eine Schüssel geben und 1 EL Olivenöl zufügen. Nun den Kürbis in dieser Kräuter-Gewürzmischung wenden.

Die Kürbisstücke mit der Schale nach unten nebeneinander auf ein Backblech setzen. Im Ofen bei 200°C ca. 30 Minuten oder so lange backen, bis sie weich sind. Das würzige Aroma backt in den Kürbis ein, der Kürbis wird leicht knusprig und die Haut wird weich und karamellisiert.

Ich verwende diesen gebackenen Kürbis in vielen verschiedenen Rezepten: als Basis für eine Raviolifüllung, für Brot, Risotto und als Gemüsebeilage zu Braten. Als ich meiner Mutter dieses Rezept zum ersten Mal zeigte, konnte sie sich erst nicht so recht damit anfreunden, mochte den würzigen Geschmack dann aber doch. Probieren Sie's – es schmeckt wirklich gut, ist preiswert und die Zutaten sind leicht zu bekommen.

William HILL

BROCULI
CAT
I
LiNGO
en land

Gebackene rote Zwiebeln mit Thymian und Butter

6 Portionen

Sie benötigen 6 etwa gleich große mittlere bis große rote Zwiebeln. Entfernen Sie jeweils die äußerste Schalenschicht. Mit einem Messer das Wurzelende an der Unterseite der Zwiebeln knapp abschneiden und die Zwiebeln von oben her bis auf etwa halbe Höhe kreuzweise einschneiden (aber nicht ganz durchschneiden, die Viertel dürfen nicht auseinander fallen!). In die Zwischenräume etwas gehackten oder zerstoßenen frischen Thymian, eine Prise Salz (es muss unbedingt gut in die Zwischenräume eindringen) und 1 TL Butter füllen. Ich backe die Zwiebeln auf einer dünnen Schicht Meersalz in einer Keramikauflaufform oder gebe sie zusammen mit einem Brathähnchen oder Lamm in denselben Bräter. Für 30–35 Minuten bei 200°C in den Backofen schieben.

Diese Zwiebeln passen großartig zu Braten – sie sind herrlich schmackhaft und süßlich.

Gemüse-Tempura

Tempura-Teig ist leicht herzustellen. Sie können jedes Gemüse verwenden, müssen es aber so dünn schneiden, dass es zum Garen nicht länger braucht als der Teig zum Knusprigwerden. Gutes Tempura muss schön kross sein und gehört zu jenen Dingen, die schnell zubereitet sind und dann sofort gegessen werden sollten. Man kann Tempura als Vorspeise mit etwas Steinsalz bestreut servieren, dazu Zitronen- oder Limettenhälften und vielleicht ein paar Dips. Gemüse im Teigmantel ist aber auch eine schöne Beilage und passt besonders gut zu einfach zubereitetem Fleisch oder Fisch mit Salat.

200 g Weizenmehl
100 g Maismehl
kohlensäurehaltiges Mineralwasser
verschiedene Gemüse (siehe unten)

Beide Mehlsorten in eine Schüssel geben und das Mineralwasser mit einem Löffelstiel oder einem Essstäbchen einrühren, bis die Konsistenz etwas dicker ist als bei Sahne. Sie müssen den Teig nicht allzu gründlich verrühren – im Tempura dürfen ruhig Mehlklümpchen bleiben.

Das klein geschnittene Gemüse (Zucchini, Zwiebeln, Auberginen, Karotten, Süßkartoffeln, zarte grüne Bohnen, Brokkoli, Waldpilze, frische Kräuter, Pak Choi – es geht mit jeder Art von Gemüse) in die Teigmischung tauchen und überschüssigen Teig abtropfen lassen.

Frittieren Sie das Gemüse bei 200°C in der Fritteuse (es geht auch im Wok oder einer Bratpfanne – Sie benötigen dafür ca. 7 cm hoch sauberes Öl), bis der Teig leicht golden und knusprig geworden ist. (Größere Mengen an heißem Öl in einer Küche, insbesondere in Woks, die gar nicht immer so massiv sind, machen mir eine Heidenangst – also seien Sie bitte vorsichtig und lassen Sie das Öl nie unbeaufsichtigt!) Das Gemüse ab und zu wenden, damit es von allen Seiten gleichmäßig gebacken wird, mit einem Schaumlöffel herausfischen und das überschüssige Öl abtropfen lassen. Auf Küchenpapier legen und möglichst umgehend servieren. Der Grund, warum ich immer wieder erwähne, dass Tempura so rasch gegessen werden muss, ist folgender: Wenn das heiße Gemüse in der Teighülle abkühlt, beginnt es auszudampfen, wodurch der Teig mit der Zeit immer weicher wird und seine Knusprigkeit verliert.

HÜLSENFRÜCHTE

IN HÜLLE UND FÜLLE – HÜLSENFRÜCHTE!

Das Interesse an getrockneten Hülsenfrüchten nimmt immer mehr zu. Sie haben einen hohen Nährwert, sind ziemlich billig, und Auswahl und Qualität werden auch immer besser. Meiner Meinung nach hat die Qualitätssteigerung eine Menge damit zu tun, dass wir immer weniger das zweitklassige Zeug akzeptieren, das wir früher bereitwillig verwendet haben.

Die Idee, Hülsenfrüchte zu trocknen, ist schon Jahrtausende alt. Das eizige Kriterium für erstklassige Produkte ist, dass sie in guter Erde herangereift sind, zum besten Zeitpunkt geerntet und rasch getrocknet wurden. Hülsenfrüchte sollten nicht durch Schmutz oder Steine verunreinigt sein und nicht minderwertig aussehen. Ein Zeichen dafür, dass Trockenbohnen alt sind, ist, dass sie schrumpelig werden und Risse bekommen. Die meisten Hülsenfrüchte halten sich ein Jahr. Danach wird die Verwendung schwieriger und sie neigen dazu, beim Kochen zu platzen oder rissig zu werden.

Sobald die Qualität der frischen Bohnen nachlässt (gegen Ende der Saison), werden im River Café schnurstracks die getrockneten Bohnen des Jahres verwendet. Rose und Ruth holen sich immer Kostproben von verschiedenen Lieferanten, um die Qualität im gekochten Zustand zu vergleichen. Meiner Meinung nach sind hochwertige getrocknete Bohnen fast genauso gut wie frische. Und man kann mit Hülsenfrüchten so viel anstellen, kann sie in Salate, Schmorgerichte, Suppen oder Aufläufe geben – oder einfach wie Gemüse verwenden.

Wie man Hülsenfrüchte kocht

Geben Sie einen Becher voll abgespülte Hülsenfrüchte in kaltes Wasser und weichen Sie sie über Nacht ein. Das verringert am nächsten Tag die Kochzeit und verhindert, dass sich die Bohnen beim Kochen spalten. Getrocknete Bohnen, Kichererbsen und halbe Erbsen müssen auf diese Weise eingeweicht werden. Sortieren Sie alle Kerne aus, die verdächtig aussehen. Linsen weiche ich nicht ein – sie haben keine so lange Kochzeit.

Die Kochzeiten hängen vom Alter der Hülsenfrüchte ab und davon, wie lange sie eingeweicht wurden. Als grobe Faustregel gilt: Über Nacht einweichen, abspülen, in frischem Wasser zum Kochen bringen und ca. 1 Stunde oder so lange köcheln, bis sie weich sind (eine probieren). Sie können eine geschälte Kartoffel oder eine eingeritzte Tomate mitkochen, da dadurch die Schale der Hülsenfrüchte weicher wird, oder auch ein paar Kräuter oder ein Gewürzsträußchen dazugeben, um ihnen Aroma zu verleihen. Manchmal koche ich auch eine Scheibe geräucherten Frühstücksspeck mit, die ich nach dem Garen der Hülsenfrüchte wieder entferne.

Bohnen mit Olivenöl und Zitronensaft

Die rot gesprenkelten Borlotti-Bohnen passen gut zu Lamm und schmecken auch toll in Schmorgerichten, Risotti und Suppen. Dieses Rezept ist wirklich kinderleicht. Servieren Sie die Bohnen warm als Beilage zu einem beliebigen Braten, kalt mit frischem Rucola als Salat oder auch zu einem schönen gepökelten oder geräucherten Schinken, z.B. Parmaschinken.

6 Portionen

350g Borlotti-Bohnen, über Nacht eingeweicht,
ersatzweise zarte weiße Bohnen oder Kidneybohnen
2 Knoblauchzehen, geschält
1 Eiertomate
ein kleiner Bund frischer Salbei
Olivenöl-Zitronensaft-Dressing (siehe Seite 42)
Salz und frisch gemahlener schwarzer Pfeffer

Die eingeweichten Bohnen abspülen, Knoblauch, Tomate und Salbei zufügen. Mit kaltem Wasser bedecken, zum Kochen bringen, zudecken und 1–1½ Stunden oder so lange, bis sie weich sind, köcheln. Abgießen, Tomate, Salbei und Knoblauch entfernen und noch warm mit Olivenöl-Zitronensaft-Dressing anmachen. Mit Salz und Pfeffer abschmecken. Warm oder kalt servieren.

Kichererbsen in einer Marinade aus Chili, Zitrone und Petersilie

Dieses Rezept steht und fällt mit den Chilis – keine Angst vor ihrer Schärfe, es wird Sie schon nicht umbringen! Wenn die Samen entfernt sind, geben die Chilis dem Gericht lediglich einen sehr frischen, duftigen Geschmack und ein kleines bisschen Schärfe. Vertrauen Sie mir!

6 Portionen

1 Hand voll frische Petersilie,
Blätter und Stiele getrennt und die Blätter grob gehackt
350g Kichererbsen, über Nacht eingeweicht
1 große Kartoffel, geschält
2 Knoblauchzehen, geschält
Olivenöl-Zitronensaft-Dressing (siehe Seite 42)
2 mittelgroße oder 4 kleine frische rote Chilischoten, halbiert,
entkernt und fein gehackt

Die Petersilienstiele zusammenbinden. Die eingeweichten Kichererbsen abspülen, die Stiele, die ganze Kartoffel und den Knoblauch zufügen und mit Wasser bedecken. Zum Kochen bringen, zudecken und 1½ Stunden oder so lange köcheln, bis sie weich sind. Bei Bedarf den Schaum abschöpfen. Wenn die Kichererbsen gar sind, Petersilienstiele, Kartoffel und Knoblauch entfernen. Die Kichererbsen abgießen und gleich mit Olivenöl-Zitronensaft-Dressing, den Chilis und den gehackten Petersilienblättern anmachen.

Schmeckt besonders gut zu gegrilltem Fisch oder im Salat. Ich mag die marinierten Kichererbsen übrigens auch leicht zerdrückt auf Toast.

Hummus (Kichererbsenpüree)

Ich mag Hummus vor allem zusammen mit gebratenem Lamm. Besonders gut schmeckt mir das Kichererbsenpüree an meinem Lieblings-Kebabstand in einem extra großen Pittabrot mit knackigem Salat und am Spieß gegartem Lammfleisch. Naja, wenn ich dort vorbeikomme, bin ich manchmal schon ein bisschen »angedüdelt«, und da findet man wahrscheinlich alles lecker – das wissen Sie ja sicher aus eigener Erfahrung ... Aber im Ernst: Die Zubereitung von Hummus ist ein Kinderspiel.

4 Portionen

350g Kichererbsen, über Nacht eingeweicht
1 kleine getrocknete Chilischote
½ TL Kreuzkümmelsamen oder gemahlener Kreuzkümmel (Kumin)
Salz und frisch gemahlener schwarzer Pfeffer
1 Knoblauchzehe, geschält
1½ EL Tahina (Sesampaste, erhältlich in Naturkostläden oder in Asia-Märkten)
4 EL kalt gepresstes Olivenöl (Extra Vergine)
ca. 2 EL Zitronensaft

Die eingeweichten Kichererbsen abspülen. Mit Wasser bedecken und 1½ Stunden oder so lange kochen, bis sie weich sind. Bei Bedarf den Schaum abschöpfen. Die Kichererbsen abgießen, dabei etwas vom Kochsud zurückbehalten.

Chili und Kreuzkümmel mit 1 TL Salz im Mörser zerstoßen. Den Knoblauch fein hacken, dann Kichererbsen, Chili, Kreuzkümmel und Tahina zufügen und in der Küchenmaschine oder mit dem Handrührgerät zu einer gleichmäßigen Masse verarbeiten. Nach Geschmack Salz, Pfeffer, Öl und Zitronensaft zufügen. Wenn Sie Hummus lieber dünner mögen, gießen sie so viel Kochsud zu, bis es Ihnen zusagt. Und das war's auch schon.

Erbsenpüree

Das ist meine Version dieses traditionellen englischen Gerichts. Sie passt hervorragend zu heißem gekochten Schinken mit Englischem Senf und schmeckt besonders gut, wenn man alle Zutaten in einem Mullsäckchen von Anfang an zusammen mit dem Schinken gart (siehe Seite 131).

6 Portionen

350 g halbe gelbe Erbsen, über Nacht eingeweicht
1 kleine Kartoffel, geschält
1 kleine Zwiebel oder Schalotte
1 Knoblauchzehe, geschält
1 kleiner Strauß zusammengebundene Kräuter (Rosmarin, Salbei, Thymian, Lorbeer)
2 Gewürznelken
30 g Butter
Salz und frisch gemahlener schwarzer Pfeffer

Die eingeweichten Erbsen abspülen, Kartoffel, Zwiebel, Knoblauch, Kräuter und Gewürznelken zugeben und mit kaltem Wasser bedecken. Zum Kochen bringen, zudecken und ca. 1½ Stunden langsam köcheln, bis die Erbsen weich sind. Dann abgießen, Kräuter und Gewürznelken entfernen. Butter, Salz und Pfeffer zufügen und gründlich stampfen. Heiß servieren.

Geschmorte Linsen mit Rosmarin und Knoblauch

Für dieses Rezept können Sie die Linsen entweder auf dem Herd oder im Backofen schmoren. Ich schmore sie lieber im Rohr. Sie brauchen also einen gut schließenden Topf, den man sowohl auf den Herd als auch in den Backofen stellen kann. Auf diese Art gegarte Linsen schmecken viel besser als einfach gekochte Linsen und passen ausgezeichnet zu gebratenen Tauben oder Wild.

6 Portionen

50 g durchwachsener Frühstücksspeck (Bacon oder Pancetta)
350 g Puy-Linsen (zarte graugrüne Linsen aus Frankreich), ersatzweise eine andere zarte kleine Linsensorte
1 EL Olivenöl
3 gehäufte EL gehackter frischer Rosmarin
1 rote Zwiebel oder 2 Schalotten, fein gehackt
2 Knoblauchzehen, geschält und fein gehackt
850 ml Hühnerbrühe
2 EL kalt gepresstes Olivenöl (Extra Vergine)
½ EL Rotweinessig
Salz und frisch gemahlener schwarzer Pfeffer

Den Frühstücksspeck quer in Streifen schneiden. Die Linsen kurz abspülen. 1 EL Olivenöl in einem Topf mit dickem Boden erhitzen und den Speck hineingeben. Braten, bis er etwas Farbe angenommen hat. Rosmarin, Zwiebel und Knoblauch zufügen. 2 Minuten weiterbraten, dann die Linsen zugeben und noch ca. 1 Minute weiterbraten. Die Brühe angießen, zudecken und zum Kochen bringen. Dann 1 Stunde oder so lange im Backofen (160 °C) schmoren, bis die Linsen weich sind; dabei gelegentlich umrühren. Am Ende haben die Linsen einen großen Teil der Flüssigkeit aufgesogen. Fügen Sie nun noch 2 EL kalt gepresstes Olivenöl und ½ EL Rotweinessig zu. Mit Salz und Pfeffer abschmecken (denken Sie daran, dass auch der Speck salzig ist). Heiß servieren.

THE RIVER CAFE COOK BOOK
THE RIVER CAFE COOK BOOK

Weiße Bohnen mit Spinat und Balsamico-Essig

Sie können dies als eigenständiges Gericht, als Gemüse, als Salat oder als Vorspeise (Antipasto) servieren. Ich selbst esse es am liebsten zu saftigem Schweinebraten (siehe Seite 109).

4 Portionen

350g Schwarzaugenbohnen, über Nacht eingeweicht (ersatzweise kleine weiße Bohnen)
2 Knoblauchzehen, geschält und gehackt
1 EL ungesalzene Butter
1½ EL kalt gepresstes Olivenöl (Extra Vergine)
250 g frischer Spinat, grob gehackt
Salz und frisch gemahlener schwarzer Pfeffer
1 EL Balsamico-Essig

Die eingeweichten Bohnen abspülen, mit Wasser bedecken, zum Kochen bringen und ca. 1 Stunde oder so lange köcheln, bis sie weich sind. Dann abgießen. Den Knoblauch in Butter und Öl golden anbraten (das dauert nur Sekunden). Die abgegossenen Bohnen und den grob gehackten Spinat zufügen und dünsten, bis der Spinat zusammengefallen ist (etwa 1 Minute). Mit Salz und Pfeffer würzen und den Balsamico-Essig zufügen.

Weiße Bohnen mit marinierten Tomaten, Chili und Basilikum

Probieren Sie diese Bohnen als eigenständiges Gericht in Kombination mit einem grünen Salat oder warm mit gebratenem weißen Fisch, etwa Kabeljau oder Seeteufel. Die Bohnen passen aber auch ausgesprochen gut zu Hähnchen oder Schweinefleisch.

4 Portionen

350g Limabohnen, über Nacht eingeweicht (ersatzweise große weiße Bohnen)
11 mittlere/große reife Eiertomaten
1 großes Bund Basilikum, grob gehackt
2 mittlere/große rote Chilischoten, entkernt und fein gehackt
1–1½ EL Rotweinessig
3 EL kalt gepresstes Olivenöl (Extra Vergine)
Salz und frisch gemahlener schwarzer Pfeffer

Die eingeweichten Bohnen abspülen und mit Wasser bedecken. 1 Tomate zufügen (die Säure macht die Bohnenschalen weicher). Zum Kochen bringen, zudecken und etwa 1½ Stunden oder so lange köcheln, bis die Bohnen weich sind.

Von den restlichen 10 Tomaten die Stielansätze entfernen und jede einzelne oben kreuzweise einschneiden. In kochendes Wasser legen, rasch wieder herausnehmen und die Haut abziehen. Die Tomaten entkernen, grob hacken, in eine Schüssel geben und die restlichen Zutaten zufügen.

Die gekochten Bohnen abgießen (die mitgekochte Tomate herausnehmen) und in die Tomatenmarinade einrühren. Etwa 15 Minuten stehen lassen, damit alles richtig schön durchziehen kann. Warm oder kalt servieren.

Überbackene weiße Bohnen mit Lauch, Parmesan und Sahne

Ich mag dieses Rezept als Beilage zum Braten. Es ist einfach der Hit! Schmeckt aber auch super zu gebratenen Lammkoteletts und Spinat.

4 Portionen
350g Limabohnen, über Nacht eingeweicht (ersatzweise große weiße Bohnen)
1 Tomate (nach Belieben)
3 mittelgroße Lauchstangen
2 große Knoblauchzehen, geschält und gehackt
1 EL Butter
1 EL Öl
Salz und frisch gemahlener schwarzer Pfeffer
150ml Sahne
gut 1 Hand voll frisch geriebener Parmesan

Die eingeweichten Bohnen abspülen und mit Wasser bedecken. Die Tomate zufügen (die Säure macht die Bohnenschalen weicher). Mit Wasser bedecken, zum Kochen bringen, zudecken und ca. 1½ Stunden oder so lange köcheln, bis sie weich sind. Abgießen und die Tomate entfernen.

Den Lauch schräg in möglichst feine Scheiben schneiden. Mit dem Knoblauch in Butter und Öl braten, mit einer Prise Salz und Pfeffer abschmecken. Die Bohnen einrühren und die Sahne zugießen. In eine flache Auflaufform geben, mit dem Parmesan bestreuen und bei 230°C 10–15 Minuten im vorgeheizten Backofen goldbraun überbacken.

Weiße Bohnen mit Kräuteressig

Wenn ich an Cannellini-Bohnen denke, stelle ich mir eine Riesenschüssel mit einer üppigen italienischen Suppe vor – dazu in Stücke gebrochenes Brot mit einer schönen Kruste und ein Spritzer grünes, würziges Olivenöl obenauf (siehe Seite 19). Hier zur Abwechslung mal eine Art Salat.

4 Portionen

350 g Cannellini-Bohnen (oder andere weiße, weich kochende, mehlige Bohnen), über Nacht eingeweicht
2 EL Weißweinessig
4 EL kalt gepresstes Olivenöl (Extra Vergine)
frische Kräuter
Salz und frisch gemahlener schwarzer Pfeffer

Die eingeweichten Bohnen abspülen und mit Wasser bedecken. Zum Kochen bringen und etwa 1 Stunde oder so lange köcheln, bis sie weich sind. Vorsichtig mit den übrigen Zutaten vermischen. Warm oder kalt servieren.

RISOTTO UND COUSCOUS

RISOTTO

Wenn man die Leute fragen würde, ob sie zu Hause Risotto kochen, dann würden die meisten dies vermutlich verneinen und behaupten, dass man sich so etwas nur im Restaurant bestellt. Nun, sie hätten insofern Recht, als die meisten guten Restaurants heute Risotto auf der Speisekarte haben. Dabei ist Risotto ein typisches Gericht für zu Hause: Die Zubereitung ist kinderleicht und Risotto kann wärmend und deftig oder delikat und leicht sein. Risotto ist billig und man kann ihn das ganze Jahr über essen. Meiner Ansicht nach werden aber die Zubereitung und das Prinzip von Risotto von manchen Restaurants komplett verfälscht. Der perfekte Risotto sollte langsam über den Teller »kriechen« und nicht aufgetürmt oder in eine Form gebracht werden. Wenn sich ein Risotto nicht bewegt, ist er zu trocken.

Ein Risotto schreit geradezu nach weiteren Zutaten. Einen Risotto kann man mit fast allem verfeinern: mit duftendem Wurzelgemüse, Kräutern, Fisch, Fleisch, Pilzen, Innereien, Meeresfrüchten, Käse, Wein ... wirklich mit allem Möglichen. Denken Sie daran, dass der Reis selbst nussig und kräftig schmeckt, so dass die weiteren Geschmacksnuancen darauf abgestimmt sein müssen. Reis und weitere Zutaten müssen im Aroma ausgewogen, der Reis sollte weich sein, aber noch einen guten Biss haben. Die Sauce, die den Risotto umgibt und bindet, ist eine Mischung aus feiner Brühe und der Stärke, die aus dem Reis herauskocht und die Brühe leicht eindickt.

Wie dem auch sei, Sie erfahren von mir jetzt ein solides Grundrezept für Risotto. Im Anschluss daran stelle ich Ihnen noch fünf meiner Lieblingsvariationen vor. Wenn Sie eine davon ausprobiert haben, werden Sie ganz sicher selbst überrascht sein, wie leicht es geht.

Ein paar Punkte, an die Sie denken sollten

- Die besten und zuverlässigsten Ergebnisse erzielen Sie mit Arborio- oder Carnaroli-Risottoreis.
- Den Reis nicht waschen, da die Stärke nicht verloren gehen darf.
- Verwenden Sie einen massiven Topf mit dickem Boden, dessen Höhe möglichst dem Durchmesser entsprechen sollte. Der dicke Boden sorgt für eine schöne gleichmäßige Wärme und die hohen Topfwände verhindern, das die Feuchtigkeit zu rasch verdampft.
- Verwenden Sie eine gute Brühe – selbstgemacht ist natürlich die beste Variante (siehe Seite 223–226).
- Verwenden Sie immer frischen Parmesan (vorzugsweise Parmigiano Reggiano), lieber vom Stück als bereits gerieben. Er schmeckt ganz anders und es ist immer besser, wenn Sie ihn selbst reiben. Man benutzt ihn bei fast jedem Risotto – außer bei der Variante mit Meeresfrüchten.

Grundrezept für Risotto

Wenn Sie sich an dieses Rezept halten, garantiere ich Ihnen, dass Ihnen ein Risotto der Spitzenklasse gelingen wird. Das wirkliche Geheimnis eines guten Risotto besteht darin, dass Sie vor dem Herd stehen bleiben und dem Risotto etwa 17 Minuten lang Ihre ungeteilte Aufmerksamkeit schenken müssen – es lohnt sich. Das Rezept besteht immer aus mehreren Schritten. Im Anschluss stelle ich Ihnen fünf meiner liebsten Risottovariationen vor – alle basieren auf diesem Grundrezept.

6 Portionen

ca. 1 l Hühner-, Fisch- oder Gemüsebrühe, den anderen Zutaten entsprechend (siehe Seite 223–225)
1 EL Olivenöl
3 Schalotten oder 2 mittelgroße Zwiebeln, fein gehackt
½ Stangensellerie, fein gehackt (alle harten äußeren Stiele entfernen)
Meersalz und schwarzer Pfeffer
2 Knoblauchzehen, geschält und fein gehackt
400 g Risottoreis
100 ml trockener weißer Wermut oder trockener Weißwein
70 g Butter
85–100 g Parmesan, frisch gerieben

1. Schritt. Die Brühe erhitzen. In einem anderen Topf das Öl erhitzen, die Schalotten oder Zwiebeln, den Sellerie und eine Prise Salz zugeben und das Gemüse etwa 3 Minuten anschwitzen. Den Knoblauch zufügen und nach weiteren 2 Minuten, wenn das Gemüse weich geworden ist, den Reis zugeben. Jetzt die Temperatur erhöhen. Von diesem Zeitpunkt an dürfen Sie den Topf nicht mehr unbeaufsichtigt lassen – jetzt fängt der Spaß erst richtig an.

Unter ständigem langsamen Rühren beginnen Sie nun den Reis zu kochen. Er darf jedoch niemals und zu keinem Zeitpunkt Farbe annehmen (überwachen Sie deshalb die Temperatur und wenn sie zu hoch erscheint, schalten Sie sie ein wenig herunter). Sie müssen den Reis immer in Bewegung halten. Nach 2–3 Minuten wird er glasig und beginnt, die Aromen in sich aufzunehmen (wenn er jetzt knistert, ist das in Ordnung). Den Wermut oder Wein zufügen und weiterrühren – das duftet herrlich! Die Flüssigkeit beginnt um den Reis herum zu zischen, wobei der herbe Alkoholgeschmack verdampft und der Reis mit einer schmackhaften Essenz zurückbleibt.

Ich bin ein Fan von trockenem Wermut. Wenn er in den Reis einkocht, verleiht er ihm einen vollen und dennoch feinen Geschmack und sorgt zudem für eine unverschämte Süße, die perfekt zum Reis passt. Weißwein eignet sich auch gut – er ist etwas sanfter und frischer. Probieren Sie einfach beides aus und entscheiden Sie dann, was Ihnen lieber ist.

2. Schritt. Wenn der Wermut oder Weißwein in den Reis eingekocht ist, geben Sie den ersten Schöpflöffel heiße Brühe und eine Prise Salz zu (mit wenig Salz abschmecken, während Sie die Brühe zugießen). Die Temperatur auf ein stärkeres Köcheln herunterschalten (Sie dürfen den Risotto nicht zu stark kochen, sonst wird der Reis zwar außen gar und weich, bleibt innen aber roh). Die Brühe weiterhin schöpflöffelweise zugeben, umrühren und jede Portion absorbieren lassen, bevor Sie die nächste zugießen. Diese Prozedur dauert etwa 15 Minuten. Kosten Sie den Reis – ist er schon gar? Geben Sie weiterhin so lange Brühe zu, bis der Reis weich ist, aber noch einen leichten Biss hat. Dann mit Salz und Pfeffer abschmecken.

3. Schritt. Den Risotto von der Kochstelle nehmen, Butter und frisch geriebenen Parmesan zugeben. Falls gewünscht, ein wenig Parmesan zurückbehalten, um ihn am Schluss über den Risotto zu streuen. Vorsichtig umrühren. Möglichst gleich essen, solange der Reis noch schön feucht ist.

Ganz ohne Beilagen oder mit einem knackigen grünen Salat und einem großen Stück Brot mit schöner Kruste servieren. Wunderbar!

Risotto mit Bohnen, Speck und Rosmarin

Mein absoluter Lieblingsrisotto – einfach eine Sensation! Speck und Rosmarin gehen eine himmlische Verbindung ein und die Borlotti-Bohnen schmecken ebenso lecker wie sie aussehen – sie bringen richtig Abwechslung in einen Risotto.

Dieser Risotto schmeckt toll mit übrig gebliebenem Kaninchen- oder Hasenbraten, den man zerteilt und erst ganz am Schluss zugibt.

6 Portionen

Grundrezept für Risotto (siehe Seite 170), mit Hühner- oder Gemüsebrühe
50g durchwachsener Frühstücksspeck (Bacon), in feinen Scheiben
2 EL fein gehackter frischer Rosmarin
250g gekochte Borlotti-Bohnen (ersatzweise zarte weiße Bohnen)

Nach dem Grundrezept für Risotto verfahren. Die Speckscheiben goldbraun und leicht knusprig braten und in Schritt 1 zusammen mit dem Rosmarin zugeben. In Schritt 3 die warmen gekochten Bohnen zufügen.

Pilzrisotto mit Knoblauch, Thymian und Petersilie

Für einen Pilzrisotto können Sie nur eine Pilzart oder auch eine Mischung Ihrer Lieblingspilze verwenden. Mittlerweile ist eine große Auswahl an frischen Pilzen erhältlich: Champignons, Austernpilze, Shiitake-Pilze, Egerlinge, Pfifferlinge, Ritterlinge und Maronenröhrlinge. Ich wasche Pilze nicht, da sie sonst Wasser aufsaugen – und dann werden sie gekocht, aber nicht gebraten. Befreien Sie die Pilze lieber mit einem Küchenpinsel oder Küchenpapier vorsichtig von Staub und Schmutz. Auch aus getrockneten Pilzen kann man einen feinen Risotto kochen; getrocknete Steinpilze eignen sich besonders gut.

6 Portionen
Grundrezept für Risotto (siehe Seite 170), mit Hühner- oder Gemüsebrühe
250g frische Pilze (eine Sorte oder beliebige Mischung)
3 EL Olivenöl
1 kleine Hand voll Thymian, die Blätter abgezupft und gehackt
1 Knoblauchzehe, geschält und fein gehackt
Salz und frisch gemahlener schwarzer Pfeffer
1 Hand voll Petersilie, grob gehackt
1 Prise Chilipulver
ein Spritzer Zitronensaft

Die Pilze in feine Scheiben schneiden, kleinere Sorten halbieren. Pilze in 2–3 Portionen garen. 1 EL Olivenöl in einer sehr heißen Pfanne erhitzen, die Pilze zusammen mit dem Thymian zugeben. Etwa 1 Minute anbraten, wenden, Knoblauch und eine Prise Salz zugeben (bei Pilzen ist es wichtig, dass man sie während des Garens leicht würzt). Noch ein paar Minuten weiterdünsten und kosten. Wenn sie gar sind, etwas Petersilie, eine kleine Prise Chilipulver und einen Spritzer Zitronensaft zufügen. Erneut wenden und kosten – die Pilze müssten jetzt ziemlich gut schmecken. Die Hälfte der gebratenen Pilze hacken.

Die gehackten Pilze werden in Schritt 2 des Grundrezepts nach dem ersten Schöpflöffel Brühe zugegeben, der Rest in Schritt 3.

Risotto mit gebackenem Kürbis, Thymian und Mascarpone

6 Portionen
Grundrezept für Risotto (siehe Seite 170), mit Hühner- oder Gemüsebrühe
pikanter gebackener Kürbis (siehe Seite 148)
2 gehäufte EL frische Thymianblätter
2 gehäufte EL Mascarpone

Den Kürbis nach Rezept (siehe Seite 148) zubereiten, dann in zwei Hälften teilen. Von einer Hälfte die Haut abziehen und das Fleisch grob hacken. Bei der anderen Hälfte die Haut, wenn sie weich genug ist, dranlassen und das Fleisch etwas feiner hacken. In Schritt 1 den Thymian zugeben. In Schritt 2 den ersten Teil des Kürbis hinzufügen, in Schritt 3 schließlich noch den restlichen Kürbis (den Teil mit der Haut) und den Mascarpone dazugeben.

Risotto mit Spargel, Erbsen und Minze

Ein toller Sommerrisotto! Kaufen Sie kleine zarte Spargelstangen. Die Spitzen sollten möglichst geschlossen sein. Beim Kauf frischer grüner Erbsen öffne ich im Laden immer eine Schote und probiere die Erbsen. Sie sollten (auch roh) sehr süß sein und eine zarte Schale haben. Lecker!

6 Portionen
Grundrezept für Risotto (siehe Seite 170), mit Hühner- oder Gemüsebrühe
450 g Spargel
350 g frische grüne Erbsen
1 Hand voll frische Minze, gehackt
1 Hand voll geriebener Parmesan

Den Spargel schälen. Die holzigen Enden entfernen. Die Spitzen abschneiden und in Salzwasser blanchieren, bis sie gerade weich sind; den Rest der Spargelstangen in Stücke schneiden und beiseite stellen. Die Erbsen in ungesalzenem Wasser (Salz macht die Schale hart!) blanchieren, bis sie gerade weich sind. Die Minze fein hacken.

Am Ende von Schritt 1 die Spargelstücke und die Hälfte der Erbsen zugben. In Schritt 3 die blanchierten Spargelspitzen, die restlichen Erbsen und nach und nach die Minze zufügen. Abschmecken. Mit Parmesan bestreut servieren.

Meeresfrüchterisotto mit Fenchel und Chili

Dieses Rezept eignet sich für Meeresfrüchte aller Art. Krebs und Hummer sind eine Delikatesse, vor allem, wenn man sie lebend kauft – frischer geht's nicht. Sie können hier aber auch hochwertige tiefgefrorene Meeresfrüchte verwenden. Bei diesem Risotto ersetze ich die Hälfte der Butter durch Olivenöl – und denken Sie daran: Hier brauchen Sie keinen Parmesan!

6 Portionen

Grundrezept für Risotto (siehe Seite 170), mit Fischbrühe

400g Meeresfrüchte (eine Sorte oder eine beliebige Mischung)

1 große Fenchelknolle, sehr fein gehackt (das Fenchelgrün zurückbehalten)

2 mittelgroße frische rote Chilischoten, entkernt und gehackt

6 Anchovisfilets/Sardellenfilets (auch wenn Sie keine Sardellen mögen, in diesen Risotto müssen sie unbedingt hinein – sie verstärken das Aroma, man schmeckt sie aber nicht)

Zuerst die Meeresfrüchte vorbereiten (siehe Seite 178). In Schritt 1 den gehackten Fenchel und die Chilischoten zugeben. Kurz bevor Sie den Reis hinzufügen, die Anchovis zugeben und schmelzen lassen (ca. 30 Sekunden). In Schritt 3, ehe Sie den Risotto von der Kochstelle nehmen, die Meeresfrüchte zufügen (sie sollen nur erwärmt, *nicht* gekocht werden). Vor dem Servieren das gehackte Fenchelgrün über den Risotto streuen.

Marinade für Hummer, Krebse und Garnelen

2 EL Olivenöl
Saft von 2 Zitronen (nach Geschmack)
1 Hand voll frisches Basilikum, gehackt
1 Hand voll frische Petersilie, gehackt
Salz und frisch gemahlener schwarzer Pfeffer

(Kochen und Vorbereiten des Hummers siehe Seite 105.) Die Zutaten der Marinade vermischen, mit Salz und Pfeffer abschmecken.

Hummer und Krebsfleisch direkt in die Marinade geben. Rohe Garnelen sollten zuerst in etwas Olivenöl und Butter leicht sautiert und die Schalen entfernt werden.

Miesmuscheln und Venusmuscheln vorbereiten

Olivenöl
½ Knoblauchzehe, geschält
etwas Weißwein

Die Muscheln waschen, die Bärte entfernen und geöffnete Exemplare wegwerfen. Einen Topf sehr heiß werden lassen, das Öl, dann den Knoblauch und danach die Muscheln und so viel Weißwein hineingeben, dass der Topfboden bedeckt ist. Einen Deckel auf den Topf geben und 3–4 Minuten dämpfen, dabei den Topf hin- und herrütteln, bis sich die Muscheln geöffnet haben. Das Muschelfleisch auslösen und die Schalen wegwerfen. Den Kochsud durchseihen und als Teil der Brühe verwenden.

Weißen Fisch vorbereiten

Olivenöl
Fenchelsamen, zerstoßen
eine Prise Chilipulver
Salz und frisch gemahlener schwarzer Pfeffer

Sie können jeden weißen Fisch mit festem Fleisch verwenden, z.B. Seehecht, Barbe, Kabeljau oder Brasse. Den Fisch mit etwas Olivenöl im Backofen oder in der Pfanne braten und mit dem zerstoßenen Fenchel, dem Chilipulver, Salz und frisch gemahlenem schwarzen Pfeffer bestreuen.

COUSCOUS

Couscous ist so lecker, schnell gemacht, billig und vielseitig, dass ich gar nicht verstehen kann, warum er nicht viel häufiger gegessen wird. Ich nehme mal an, dass man einfach nicht genug darüber weiß. Couscous stammt aus Nordafrika und ist eine Getreidezubereitung, die auf der Grundlage von fein geschrotetem Weizen hergestellt, getrocknet und zu kleinen Kügelchen gerollt wird. Sie können Couscous wie Reis verwenden: zum Auftunken von Saucen, als Salat oder auf eher klassische Art mit einem würzigen geschmorten Lamm nach marokkanischer Art.

Couscous wird aus dem getrockneten Zustand quasi wieder aufbereitet. Wenn man ihn heiß servieren möchte, geht man mit ihm ähnlich um wie mit gedämpftem oder gekochtem Reis: Entweder gießt man kochendes Wasser oder Brühe darüber und lässt ihn 10 Minuten stehen oder man dämpft ihn 5 Minuten in einem Topf mit gut schließendem Deckel. Wenn Sie ihn als Salat verwenden, sollte er roh mit dem Dressing und etwas kaltem Wasser vermischt werden, so dass er nach etwa 15 Minuten die Aromen und den Duft des Dressings absorbiert hat (so mag ich ihn besonders).

Gedämpfter Couscous mit Kümmel und Fenchelsamen

Dieser Couscous ist leicht und locker. Er sollte dampfend heiß serviert werden und schmeckt gut zu geschmortem Lamm oder Huhn.

4 Portionen
425 ml Brühe oder Wasser
1 gestrichener TL Fenchelsamen
1 gestrichener TL Kümmel
Salz und frisch gemahlener schwarzer Pfeffer
250 g Couscous
Butter

Die Brühe oder das Wasser mit Fenchelsamen und Kümmel zum Kochen bringen, salzen und pfeffern. Über den Couscous gießen, umrühren und 15 Minuten ziehen lassen. In eine gebutterte Auflaufform geben und mit leicht gebutterter Alufolie zudecken. Im Backofen bei niedriger Temperatur (150 °C) ca. 10–15 Minuten sanft dämpfen.

Pikanter Couscous

Pikanter Couscous schmeckt lecker zu gegrilltem oder gebratenem Lamm mit etwas Bratensaft und einem Klecks Pfefferminzsauce oder Salsa Verde (siehe Seite 231 und 233). Das Rezept mag kompliziert erscheinen, die Zubereitung dauert jedoch nur 20 Minuten und ist wirklich ein Kinderspiel.

4 Portionen

425 ml Brühe oder Wasser
1 mittelgroße Schalotte oder Zwiebel, fein gehackt
1 EL Olivenöl
2 EL Butter
1 gestrichener TL Kreuzkümmelsamen
1 gehäufter TL Fenchelsamen
½ kleine getrocknete Chilischote (nach Belieben)
1 TL Salz
1 Lorbeerblatt
1 Knoblauchzehe, geschält und fein gehackt
1 EL Rotweinessig
1 TL Zucker
250 g Couscous

Die Brühe zum Kochen bringen. In einem eher tiefen Topf mit dickem Boden die Schalotte oder Zwiebel im Olivenöl und der Hälfte der Butter langsam andünsten, aber keine Farbe annehmen lassen. Kreuzkümmel, Koriander, Fenchel, Chili und Salz im Mörser zerstoßen. (Falls Sie keinen Mörser haben, breiten Sie ein Küchentuch aus, geben alle Gewürze in die Mitte, falten es zusammen und zerstoßen sie mit einem Nudelholz oder Hammer.) Die Gewürze, das Lorbeerblatt und den Knoblauch zu den Zwiebeln geben und weiterbrutzeln – bis die Zwiebeln völlig verkocht sind. Essig und Zucker zugeben und einkochen lassen. Couscous zufügen und umrühren. Die heiße Brühe angießen, 15–20 Minuten köcheln und dabei gelegentlich umrühren. Schließlich noch die restliche Butter mit einer Gabel untermischen.

Couscous-Salat

Ungekocht und mit einem Salatdressing mariniert, hat der Couscous etwas mehr Biss als gekocht oder gedämpft. Servieren Sie diesen Salat als Hauptgericht oder mit Pittabrot und gegrilltem Hähnchen. Er hält sich im Kühlschrank einen Tag oder länger. Die Kräuter gehören unbedingt dazu, aber mit den anderen Zutaten können Sie auch nach Ihren eigenen Vorstellungen verfahren – experimentieren Sie ruhig ein wenig!

4 Portionen

250 g Couscous
Olivenöl-Zitronensaft-Dressing (siehe Seite 42)
280 ml kaltes Wasser
2 rote Paprikaschoten
2 kleine Schalotten oder 1 rote Zwiebel, fein gehackt
¼ Knoblauchzehe, geschält und fein gehackt
1 mittelgroße frische Chilischote, entkernt und gehackt
2 Tomaten, entkernt und gewürfelt
Saft von 1 Zitrone
1 TL Rotweinessig
2 Hand voll frische Kräuter (Basilikum, Koriander oder glatte Petersilie)
1 EL Olivenöl
Salz und frisch gemahlener schwarzer Pfeffer

Den Couscous in eine Schüssel geben und mit Olivenöl-Zitronensaft-Dressing vermischen. Das Wasser zugießen, umrühren und ca. 15 Minuten ziehen lassen, bis das Dressing absorbiert ist. In der Zwischenzeit die Paprikaschoten im Ganzen grillen, bis sie rundum geschwärzt sind, dabei ab und zu wenden. Noch heiß in eine Schüssel geben, mit Frischhaltefolie zudecken und ausdampfen lassen. Schälen, entkernen und fein hacken (Sie haben Zeit dazu, während der Couscous mariniert).

Die Paprika in eine Schüssel geben, Schalotten/Zwiebel, Knoblauch, Chili, Tomaten, Zitronensaft, Essig und Kräuter zufügen. Mit Olivenöl beträufeln und mit Salz und Pfeffer abschmecken. Umrühren und 15 Minuten ziehen lassen, dann mit dem Couscous vermischen.

BROT

Pestoschnecke, Ciabatta, Landbrot

Entdecken Sie die Welt des Brots

Es ist schon erstaunlich, wie viele Küchenchefs noch nie einen Laib Brot gebacken haben. Seit ich selbst damit angefangen habe, kann ich es einfach nicht mehr lassen. Wenn man bei Freunden oder im Restaurant selbst gebackenes Brot zum Essen bekommt, ist das doch wirklich etwas ganz Besonderes. Mein erstes Brot habe ich in Frankreich gebacken. Ich habe eine ganze Menge gelernt und hatte großen Respekt vor dem *boulanger*, aber andererseits fand ich das Brotbacken dort etwas fad.

Erst Gennaro Contaldo aus dem Neal Street Restaurant in Covent Garden hat mich – recht humorvoll – in die Welt des Brots eingeführt. Großes Brot, flaches Brot, langes Brot, dünnes Brot, gerolltes Brot, gefülltes Brot, jede Menge verflixtes Brot – es ging leicht und schmeckte fantastisch. Weil ich so versessen darauf war, das Brotbacken zu lernen, bin ich oft um 3 Uhr früh aufgestanden, um mit Gennaro Brot zu backen. Zuerst habe ich ihm nur über die Schulter gesehen, später auch mitgeholfen. Er nimmt es nicht so genau, aber durch das Befolgen einfacher Regeln und die Verwendung guter Zutaten – und mit ein wenig Herzblut – gelingt sein Brot durchweg großartig.

Wir stellten eine Riesenportion Grundteig her, teilten ihn auf und machten daraus etwa acht verschiedene Brotsorten. Das Tolle war, dass Gennaro niemals behauptete, seine Methoden wären für die Ewigkeit. Er achtete immer darauf, dass die Rezepte offen für Neuerungen blieben. Das fand ich sehr großzügig, denn die meisten Küchenchefs halten ihre eigenen Methoden für das Ei des Kolumbus. Nicht so Gennaro. Durch ihn wurde ich ermutigt, mir immer etwas Neues auszudenken.

Brotbacken ist zwar eine Art Kunst, erfordert aber etwas handwerkliches Geschick, um den Teig richtig zu behandeln und zu kneten. Als ich zum ersten Mal Gennaros Teig bearbeitete, klebte er überall an mir, überall. Gennaro lachte und gab mir den Rat, den Teig wie eine Geliebte zu behandeln: zart und sanft, aber auch mit ein wenig Kraft und Stärke. Dadurch hat sich sowohl meine Fähigkeit Brot zu backen als auch mein Liebesleben enorm verbessert! Klasse, oder? Wenn man wirklich gutes Brot backen möchte und mit Freude an die Sache herangeht, hat man schon halb gewonnen!

Grundrezept für Brotteig

Hausgemachtes Brot ist leicht herzustellen und macht überall Eindruck. Es spielt keine Rolle, ob Sie es regelmäßig oder nur zu speziellen Gelegenheiten backen, es ist Ihr Brot und hat seinen ganz speziellen Charakter. Wenn Sie einmal ein solches Brot gebacken haben, probieren Sie es ganz bestimmt wieder und dann werden Sie es bald raushaben!

Das Rezept enthält eine Liste mit allen Grundzutaten und ist in Schritte untergliedert, so dass Sie die einzelnen Varianten jeweils bei den richtigen Schritten abwandeln können.

30g frische Hefe oder 21g (3 Päckchen zu je 7g) Trockenhefe
30g Honig (oder Zucker)
625ml lauwarmes Wasser
500g Mehl, Type 550 (backstark)
500g Grieß (wenn Sie gerade keinen Grieß zur Verfügung haben, können Sie auch normales Weizenmehl verwenden)
30g Salz
etwas Mehl und Grieß extra zum Bestäuben

1. Schritt Hefe und Honig (oder Zucker) in der Hälfte des Wassers auflösen.
2. Schritt Auf einer großen sauberen Arbeitsfläche (oder in einer großen Schüssel) Mehl, Grieß und Salz aufhäufen. Mit einer Hand eine Vertiefung in die Mitte drücken. (Mehl und Grieß sollten vorher nach Möglichkeit angewärmt werden.)
3. Schritt Die Hefemischung in die Mitte gießen und mit vier Fingern einer Hand in kreisförmigen Bewegungen von der Mitte nach außen arbeiten und die trockenen Zutaten langsam einarbeiten, bis die gesamte Hefemischung aufgenommen ist. Dann die andere Hälfte des lauwarmen Wassers in die Mitte gießen und nach und nach das gesamte Mehl einarbeiten, bis ein feuchter Teig entsteht. (Manche Mehlsorten erfordern etwas mehr Wasser.)
4. Schritt Kneten! Das ist die wichtigste Phase. Rollen, drücken und falten Sie den Teig fünf Minuten lang. Dadurch wird er geschmeidig. Wenn Teig an Ihren Handflächen kleben bleibt, die Hände mit etwas Mehl bestäuben und aneinander reiben.

Die Schritte 2, 3 und 4 können Sie auch mit der Küchenmaschine oder dem Handrührgerät ausführen. Verwenden Sie dazu die Knethaken.

5. Schritt Jetzt beide Hände mit Mehl bestäuben und die Teigoberfläche ebenfalls leicht bemehlen. Den Teig zu einem runden Laib formen und auf ein Backblech legen. Mit einem Messer einritzen – dadurch geht der Teig schneller und üppiger auf.
6. Schritt Lassen Sie den Teig nun das erste Mal gehen. Er soll sein Volumen in etwa verdoppeln. Jetzt ist auch der beste Zeitpunkt, um den Backofen vorzuheizen (die Temperaturen sind bei den jeweiligen Brotsorten angegeben). Damit der Teig rasch aufgeht, benötigen Sie einen warmen, feuchten und von Zugluft freien Ort, zum Beispiel in der Nähe des Herds, auf einer Warmhalteplatte oder einfach in einem entsprechend temperierten Raum. Sie können den Teig mit Frischhaltefolie bedecken, wenn Sie das Aufgehen beschleunigen möchten. Durch diesen Prozess entwickelt sich das Mehlaroma; er dauert je nach den Bedingungen ca. 40 Minuten bis anderthalb Stunden.

In der Wärme des Wassers nährt sich die Hefe vom Honig oder Zucker. Theoretisch benötigen alle Bakterien drei Faktoren, um sich zu entwickeln: Wärme, Feuchtigkeit und Nahrung. Jeglicher Überschuss an einem dieser drei Faktoren tötet die Hefe ab (ebenso wie das Salz, das wir zum Würzen des Brotes verwenden – es verlangsamt den Prozess des Aufgehens).

7. Schritt Der Teig hat sein Volumen verdoppelt. Es ist Zeit, die gesamte Luft herauszukriegen. Kneten und klopfen Sie ihn hierzu 1 Minute lang.
8. Schritt Bringen Sie den Teig nun in die gewünschte Form: rund, flach, gefüllt als Tasche oder Fladen und lassen Sie ihn ein zweites Mal an einem warmen Ort gehen, bis er sein Volumen verdoppelt hat.

Wenn Sie glauben, dass der Teig noch nicht genügend aufgegangen ist, lassen Sie ihn noch etwas länger gehen. Er darf keinen Zug abbekommen.

9. Schritt Die Luft muss in das Brot eingebacken werden. Den Laib daher behutsam in den Ofen setzen und die Ofenklappe vorsichtig schließen. Das Brot nach den jeweils angegebenen Temperaturen und Zeiten backen. Ob es fertig ist, kann man durch Klopfen auf die Unterseite feststellen. Wenn es hohl klingt, ist das Brot fertig, wenn nicht, muss es noch weiterbacken.
10. Schritt Das gebackene Brot auf einem Gitter auskühlen lassen – die Backzeiten sind in den Rezeptvarianten angegeben.

Focaccia

Für 2 große oder 4 kleinere Fladen

Das ist mein Lieblings-Fladenbrot. Verfahren Sie nach dem Grundrezept für Brotteig bis zu Schritt 8. Dann den Teig halbieren oder vierteln und ungefähr 1½ cm dick oval ausrollen oder zurechtdrücken. Die Focaccia soll ungleichmäßig und rustikal aussehen – eine prima Ausrede für Anfänger! Auf ein großzügig mit Mehl bestäubtes Backblech setzen und belegen (siehe unten). Jetzt fehlen nur noch die charakteristischen Löcher: Drücken Sie Ihre Finger mehrmals tief in den Teig. Dadurch kann das Aroma des Belags eindringen. Nach ca. 45 Minuten ist der Teig auf die klassische Stärke von 3 cm aufgegangen. Schritt 9: 15 Minuten bei maximaler Temperatur backen, bis die Focaccia fertig ist. Sobald Sie den Brotfladen aus dem Ofen genommen haben, einen Spritzer Olivenöl darüber geben und mit etwas Meersalz bestreuen. Wenn die Focaccia etwas abgekühlt ist, kann sie gegessen werden.

IDEEN FÜR DEN BELAG

Nun verrate ich Ihnen, womit ich Focaccia vor dem Backen gern belege. Sie sollten den Fladen nicht zu eng belegen, sondern ein paar Zutaten locker darauf verteilen. Probieren Sie marinierte sonnengetrocknete Tomaten, schwarze oder grüne Oliven, gemischte Kräuter, Kräuteröle, verschiedene Käsesorten (jedoch nicht zu viele).

Die folgenden Mengenangaben beziehen sich auf die gesamte Brotmenge. Wenn Sie zum Beispiel auf 4 kleinen Focaccia-Fladen auch 4 verschiedene Beläge haben möchten, müssen Sie die Mengen eben entsprechend aufteilen.

Basilikum-Olivenöl-Belag

Das ist der einfachste Belag – und sehr lecker. 1 Knoblauchzehe und 1 Bund Basilikum fein hacken. Etwa die dreifache Volumenmenge Öl hinzufügen. Abschmecken mit einem Spritzer Zitronensaft, Salz, frisch gemahlenem schwarzen Pfeffer und evtl. auch mit einer zerdrückten getrockneten Chilischote – die gibt Schärfe. Aber nicht übertreiben!

Kartoffel Rosmarin-Belag

Etwa 15 neue Kartoffeln waschen und in möglichst dünne Scheiben schneiden. Dann 2 Minuten in kochendes Salzwasser legen. Abgießen, in eine Schüssel geben und einen großzügigen Schuss vom feinsten Olivenöl darüber träufeln. Mit Salz und frisch gemahlenem schwarzen Pfeffer würzen, 1 fein gehackte Knoblauchzehe und 1 Hand voll gehackten frischen Rosmarin dazugeben. Diese Mischung auf der gesamten Oberfläche verteilen und in den Teig drücken. Wenn die Focaccia wirklich rustikal aussehen soll, können Sie vor dem Backen noch zusätzlich etwas Rosmarin darüber streuen.

Zwiebel-Belag

Dieser Belag ist leicht und aromatisch. 3 mittelgroße rote Zwiebeln (oder ca. 6 Schalotten) schälen und in feine Scheiben schneiden. Einen guten Spritzer Olivenöl in der Bratpfanne erhitzen. Eine in feine Scheiben geschnittene Knoblauchzehe, gut 1 Hand voll Thymianblätter und die Zwiebeln oder Schalotten zugeben. Eine Prise Salz einstreuen und 4 Minuten stark braten; dabei ständig in Bewegung halten. Nun ca. 3 EL Rotweinessig angießen und weitere 4 Minuten köcheln. Etwas Salz und frisch gemahlenen schwarzen Pfeffer sowie ein wenig kalt gepresstes Olivenöl hinzufügen, alles auf dem Brotfladen verteilen und mit ein paar Thymianblättern bestreuen.

Bierbrot

Bierbrot

Für 1 großen Laib

In Schritt 1 das Wasser durch Bier ersetzen und bis Schritt 8 nach dem Grundrezept für Brotteig verfahren. Sechs gleich große Teigkugeln formen und nebeneinander in eine gefettete Springform setzen (5 Kugeln am Rand und 1 in der Mitte). Mit etwas Mehl bestäuben oder ein paar Kümmelsamen darüber streuen. Gehen lassen, bis sich das Volumen verdoppelt hat. Schritt 9: Im Ofen bei 225°C ca. 20–25 Minuten oder so lange backen, bis das Brot fertig ist. Mindestens 45 Minuten auskühlen lassen.

Pestoschnecke

Ich mag dieses Brot am liebsten mit rotem Pesto, grünes ist aber ebenso geeignet (siehe Seite 232.) Verfahren Sie nach dem Grundrezept. Bei Schritt 8 den Teig in zwei gleiche Hälften teilen. Jede der beiden zu einer ca. 1 cm dicken, etwa quadratischen (Seitenlänge ca. 30 cm) Teigplatte ausrollen oder zurechtdrücken. Großzügig mit Pesto bestreichen, zusammenrollen und in 4 cm dicke Scheiben schneiden. Diese dicht nebeneinander mit der Schnittfläche nach oben auf ein gefettetes Backblech legen. Schritt 9: Im Ofen ca. 15–20 Minuten bei 225°C backen. 30 Minuten auskühlen lassen.

Landbrot

Für 2 Laibe

Bis zu Schritt 8 nach dem Grundrezept für Brotteig verfahren und dann den Teig in zwei gleich große Hälften teilen. Jede zu einer Halbkugel formen. Die Brotlaibe auf ein reichlich mit Mehl bestreutes Backblech setzen und oben leicht flachdrücken. Großzügig mit Mehl bestäuben und mit einem scharfen Messer an der Oberseite viermal einschneiden. 45–60 Minuten aufgehen lassen. Schritt 9: Im Ofen bei 225°C ca. 20–25 Minuten backen. Mindestens eine Stunde auskühlen lassen.

Knackige Brotstangen

Dieses Brot kann man sehr gut aus Teigresten backen. Sie müssen also nicht die gesamte Teigmenge herstellen, die im Grundrezept angegeben ist – es sei denn, Sie möchten große Mengen backen. Man kann Teigreste übrigens auch gut einfrieren.

Nach Schritt 7 des Grundrezepts für Brotteig den Teig zu einer dünnen, ca. 30 cm langen und 1 cm dicken Platte ausrollen. Die Oberseite mit reichlich Mehl bestäuben und mit einem großen Messer oder Teigrädchen in 1 cm breite Streifen schneiden. Diese auf ein großzügig mit Mehl bestäubtes Backblech legen. ½ Stunde gehen lassen. Schritt 9: Ca. 10 Minuten bei 200 °C backen (die Streifen sollen austrocknen, damit sie knackig bleiben). Servieren Sie dieses Brot zu Hummus, Guacamole, Dips aus schwarzen Oliven, Saucen, Snacks und ähnlichen Leckereien.

Ciabatta

Für 3 Ciabatta-Brote

Nach dem Grundrezept für Brotteig verfahren und bei Schritt 8 ca. 6 EL Olivenöl zufügen. Dann den Teig in drei gleiche Portionen aufteilen. Jede mit beiden Händen zu einer 25 cm langen Wurst rollen und diese mit dem Handballen breit- und flachdrücken, bis der Teig etwa 30 cm lang, 2½ cm dick und 10 cm breit ist. Auf ein mit reichlich Mehl bestreutes Backblech legen. Den Teig mit Mehl bestäuben und ungefähr fünfmal einschneiden. 45 Minuten gehen lassen. Schritt 9: Ca. 25 Minuten bei 225 °C backen. Etwa ½ Stunde abkühlen lassen und dann essen.

Knackige Brotstangen

Brötchen

Für ca. 12 mittelgroße Brötchen

Bevor Sie mit dem Backen der Brötchen beginnen, möchte ich Ihnen noch ein paar Vorschläge machen, um Ihre Fantasie anzuregen. Legen Sie sich alle Zutaten zurecht, bevor Sie mit der Herstellung des Teigs beginnen.

Verfahren Sie nach dem Grundrezept für Brotteig bis zu Schritt 4 und teilen Sie den Teig dann entsprechend der Brötchenarten, die Sie herstellen möchten, auf. Die gewählte Geschmackszutat gründlich mit dem Teig vermischen (alle Aromen sollten Zimmertemperatur haben) und diesen dann ca. 40 Minuten gehen lassen. Wenn sich das Volumen verdoppelt hat, entsprechend Schritt 7 die Luft aus dem Teig schlagen. Bei Schritt 8 sollten Sie bedenken, dass sich das Volumen verdoppelt, also Form und Größe entsprechend dimensionieren. Die Brötchen auf ein mit reichlich Mehl bestreutes Backblech setzen, leicht bemehlen und oben mit einem scharfen Messer einschneiden. Schritt 9: Im Ofen bei 225°C backen. Nach 10 Minuten nachsehen – die Backzeit variiert je nach Größe. Die fertigen Brötchen auf ein Gitter legen und mindestens 15 Minuten abkühlen lassen.

Einfache oder leicht gewürzte Brötchen

Ein einfaches Brötchen ist was ganz Feines: Man muss es nur formen, gehen lassen und backen. Sie können den Teig aber auch mit ein paar frischen gehackten Kräutern versetzen, z. B. mit Thymian, Rosmarin, Oregano, Bohnenkraut, Majoran, Basilikum oder Frühlingszwiebeln oder auch mit zerstoßenen Gewürzen wie Koriander, Kümmel, Chili, Senfkörnern oder Fenchelsamen. Man kann jeweils eine Sorte verwenden oder zwei miteinander kombinieren. Ich werde Ihnen hier jedoch keinesfalls irgendwelche Mengenangaben vorschreiben; wählen Sie diese nach Ihren eigenen Vorstellungen. (Ich persönlich gehe mit Kräutern großzügiger um als mit Gewürzen, da ich finde, dass letztere nicht zu stark hervorstechen sollten.)

Haselnuss-Aprikosen-Brötchen

Zu diesen Brötchen benötigen Sie in etwa die gleiche Menge an Haselnüssen und getrockneten Aprikosen. Die Gesamtmenge von Nüssen und Aprikosen sollte ungefähr einem Viertel des Gewichts des Teigs entsprechen, kann aber ohne weiteres in die eine oder andere Richtung variieren.

Die Haselnüsse mit etwas Olivenöl und Salz im Backofen goldbraun rösten (das geht sehr schnell!). Es bietet sich an, eine Hälfte der Nüsse zu mahlen oder fein zu hacken, um den Geschmack zu intensivieren, und die andere Hälfte aus optischen Gründen nur grob zu zerkleinern. Dies gilt auch für die getrockneten Aprikosen.

Brötchen mit pikantem Kürbis

Ich habe diese Brötchen zum ersten Mal mit Resten des pikanten gebackenen Kürbis ausprobiert, den ich gehackt und mit dem Teig verknetet habe. Das Ergebnis hat mich wirklich angenehm überrascht. Die Brötchen waren eine große Bereicherung für ein sommerliches Essen, noch warm serviert mit einem großen Stück reifem Brie, Salat und Bier. Für dieses Rezept brauchen Sie einen Teil vom pikant gebackenen Kürbis nach dem Rezept von Seite 148, wobei die Menge ungefähr einem Viertel des Gewichts des verwendeten Teigs entsprechen sollte.

Pizza

Für 4 Portionen

Ich mag Pizza ziemlich dünn, weil ich finde, dass so das Verhältnis zwischen Belag und Teig ausgewogen ist. (Eine Pizza esse ich immer sofort, die anderen drei Teigböden backe ich 5 Minuten, bis sie halb durch sind und friere sie dann ein.) Ich persönlich habe nichts für den dicken Teig der American Pizza übrig. Ich finde einfach, dass Pizzateig knusprig und dünn sein sollte. Ich stelle Ihnen auch meine Lieblingsbeläge vor (jeweils für 1 Pizza), aber wahrscheinlich haben Sie alle Ihre eigenen Lieblingszutaten.

Zunächst den gewählten Belag vorbereiten (siehe Vorschläge im Anschluss). Verfahren Sie nach dem Grundrezept für Brotteig bis zu Schritt 8. Dann den Teig in vier gleich große Portionen teilen. Jede zu einer Kugel rollen, die Arbeitsfläche leicht bemehlen und den Teig ausrollen oder zurechtdrücken (immer vom Körper weg ausrollen und den Teig nach jedem Ausrollen um 45° drehen). Er sollte ungefähr ¾ cm dick sein, nach dem Aufgehen ca. 1 cm. (Eine Pizza muss übrigens nicht unbedingt eine perfekte Kreisform haben.) Auf eine leicht gefettete Alufolie oder ein Backblech setzen und belegen. Dünner Pizzateig muss nicht unbedingt so stark aufgehen wie Brotteig, so dass 10 Minuten durchaus reichen dürften (die Pizza »wächst« noch im Ofen). Schritt 9: Im Ofen ca. 10 Minuten bei 240°C backen, bis der Teig knusprig und goldbraun und der Belag gar ist. Möglichst gleich essen.

Wenn Sie einen Pizzateigboden tiefgefroren haben, brauchen Sie ihn nicht aufzutauen. Belegen Sie den tiefgefrorenen Boden und backen Sie ihn zusätzlich 5 Minuten bei 225°C.

MEINE LIEBLINGS-PIZZABELÄGE

Tomaten, Basilikum und Mozzarella

Den Pizzateig dünn mit Tomatensauce (siehe Seite 237) bestreichen. Gut 1 Hand voll ganze oder zerpflückte Basilikumblätter darauf verteilen. Mozzarella in Stücke teilen und die Pizza einigermaßen gleichmäßig damit belegen. Etwas schwarzen Pfeffer darüber mahlen. Ungefähr 10 Minuten bei 240°C backen. Zum Schluss mit feinem Olivenöl beträufeln.

Thymianöl, Knoblauch, Artischocken und Parmesan

Normalerweise verwende ich dafür einen Mörser, aber Sie können die Zutaten genauso gut fein hacken. Zerstoßen Sie eine Handvoll gewaschenen Thymian mit einer Prise Salz. Wenn eine grobe Paste entstanden ist, ½ Knoblauchzehe zugeben und ebenfalls zerstoßen. Einen Spritzer Zitronensaft und ca. 2 EL Ihres besten Olivenöls hinzufügen. Dann die Artischocken vorbereiten (1 oder 2 pro Pizza). Sie können entweder frische Artischocken (siehe Seite 137) oder vorgekochte aus dem Glas verwenden. Mit einem scharfen Messer erst halbieren, dann der Länge nach möglichst fein aufschneiden. Vorsichtig mit der Thymianmischung vermengen, damit die Artischocken sich nicht verfärben. Dann den Teigboden gleichmäßig mit der Mischung bestreichen. Manchmal gebe ich zum Schluss noch eine Hand voll Rucola hinein. Zehn Minuten bei 240°C backen, dann ein paar lange Parmesanstreifen auf der Pizza verteilen (die Streifen kann man mit dem Kartoffelschäler abhobeln).

Chili, Tomaten, Oregano und Speck

Drei Eiertomaten waschen. (Ich lasse sie ungeschält. Wenn Sie sie schälen möchten: Die Tomaten einschneiden, 15 Sekunden in kochendes Wasser legen und dann enthäuten.) Halbieren, Samen und Stielansätze entfernen und die Tomaten grob hacken. In eine Schüssel geben, mit Salz (aber nicht zu viel, denn der Speck ist ziemlich salzig), frisch gemahlenem schwarzen Pfeffer und 1 kleinen, in feine Scheiben geschnittenen frischen Chilischote würzen (Sie können auch eine getrocknete Chili verwenden; aber Vorsicht, die ist scharf). ¼ fein gehackte Knoblauchzehe, ½ Hand voll ganze frische Oreganoblätter und ½ Hand voll gehackten frischen Oregano zugeben. Ein paar Tropfen Rotweinessig darüber träufeln. Alles vermischen und den Pizzateig damit bestreichen (das sollte ziemlich schnell geschehen, da das Salz das Wasser aus den Tomaten zieht und die Mischung nicht zu wässrig sein darf). Legen Sie ca. 6 ganz dünne Speckscheiben über die Pizza. Nun 10 Minuten bei 240°C backen.

DESSERTS

Semifreddo mit Turrón (Nougat)

Mit Desserts ist es so eine Sache: Jeder isst sie gerne, aber wenn es darum geht, sie selbst zu machen, drücken sich die meisten Leute. Sie kaufen einfach Tiefkühl- oder Fertigprodukte (oh, wie »lecker« ...). Andere verfügen über ein Mini-Repertoire von vielleicht zwei oder drei Rezepten, die sie recht gut hinbekommen. Indem sie die Füllung oder die Geschmacksrichtungen variieren, bringen sie es dann auf rund ein Dutzend verschiedener Desserts. Diese Einstellung gefällt mir schon besser!

Wenn Sie ins Restaurant gehen und viel Geld ausgeben, erwarten Sie dafür auch ein bisschen was Besonderes. Als Küchenchef kenne ich natürlich zahlreiche Desserts, die für zu Hause viel zu aufwändig sind – mir ist klar, dass sich kaum jemand die Mühe macht, sie zuzubereiten.

Daher mein Vorschlag: Ich stelle Ihnen ein paar einfache Grundrezepte vor, die Sie ohne viel Aufwand übernehmen, darauf aufbauen und nach Ihren eigenen Vorstellungen abwandeln können. Schauen Sie sich auf Märkten und in Geschäften um, und wenn Ihnen etwas Süßes, Saftiges oder Duftendes ins Auge fällt, dann kaufen Sie es einfach ein und machen mit Hilfe der folgenden Rezepte etwas ganz Tolles daraus.

Gebackene Früchte

Es geht nichts über die natürliche Schlichtheit frischer, reifer Saisonfrüchte. Probieren Sie sie einmal gebacken, denn dann bekommen sie einen ganz anderen Charakter. Die warmen säuerlichen Aromen des Obstes in Kombination mit dem süßen Vanillezucker sind wirklich interessant – und das Obst schmeckt gebacken ganz anders als roh.

Verwenden Sie Pflaumen, Aprikosen, Nektarinen, Pfirsiche, Birnen, Kirschen, Feigen oder Erdbeeren von guter Qualität. Die Menge bleibt völlig Ihnen überlassen; Sie können so viele oder so wenige Früchte backen, wie Sie wollen. Die Früchte waschen, halbieren und, falls nötig, entkernen. Geben Sie nach Wunsch auch etwas Rhabarber, geschält, gewaschen und in Scheiben geschnitten, oder ein paar Bananenscheiben dazu. Die Früchte in eine flache, feuerfeste Keramikauflaufform schichten, nach Wunsch ein paar Tropfen Weinbrand oder Cognac darüber träufeln und mit Vanillezucker bestreuen (süßen Sie grundsätzlich nach Ihrem Geschmack; wenn die Früchte jedoch schon von Natur aus süß sind, sollten Sie entsprechend weniger Zucker verwenden als bei sehr sauren oder herben Früchten). Die Früchte am besten im Backofen bei maximaler Temperatur grillen oder backen – aber nur so lange, bis sie etwas weicher geworden sind (ca. 4 Minuten, Rhabarber dauert ein paar Minuten länger); sie sollten ihre Form beibehalten. Dazu geschlagene Vanillesahne, Crème fraîche, Vanilleeis oder mit Vanillezucker gesüßten Mascarpone servieren. Klasse!

Vanillezucker

Kaufen Sie kein Vanillearoma und auch keinen fertigen Vanillezucker: Die Essenz ist teuer und bei fertigem Vanillezucker bekommen Sie keine Qualität für Ihr Geld. Sie können Vanillezucker problemlos selbst herstellen. Verwenden Sie dazu auf jeden Fall echte Vanilleschoten. Die haben zwar auch ihren Preis, aber dennoch kommt Sie das Rezept wegen der Mengen, die Sie damit herstellen können, langfristig viel billiger.

Hüten Sie sich vor trockenen und harten Vanilleschoten – die Dinger müssen fett, klebrig und weich sein. Das natürliche Aroma der Vanilleschoten soll den Zucker durchsetzen. Es ist völlig in Ordnung und geht zweifellos schneller, wenn man die Schoten einfach zusammen mit dem Zucker in ein luftdicht verschließbares Gefäß gibt; das Vanillearoma ist dann allerdings weniger ausgeprägt. Ich bevorzuge die folgende Methode, weil damit der maximale Geschmack aus den Schoten herausgeholt wird.

1 kg Zucker
4 Vanilleschoten

Geben Sie die Vanilleschoten in die Küchenmaschine, schalten Sie das Gerät kurz ein, schaben Sie die an den Seiten anhaftenden Partikel ab und schalten Sie nochmals ein. Geben Sie den gesamten Zucker zu und verarbeiten Sie das Ganze 2 Minuten auf höchster Stufe. Sieben Sie die Mischung in eine Schüssel und lassen Sie etwaige Klumpen erneut von der Küchenmaschine zerkleinern. (Wenn die Mischung sehr fein sein soll, müssen Sie diesen Arbeitsgang eventuell öfter wiederholen.) Das Ergebnis ist eine leicht aschfarbene Mischung – das nenne ich echten Vanillezucker!

In einem luftdicht verschließbaren Behälter aufbewahren. Die Menge dürfte für eine Ewigkeit reichen!

Mascarpone-Creme

Das ist eine sündhaft gute Creme. Sie passt super zu gebackenen Früchten, kann aber auch als Füllung für »Last-Minute«-Obst-Tartes (siehe Seite 221) dienen. Den Teigboden damit bestreichen, Früchte darauf legen, falls gewünscht mit einer raschen Glasur überziehen (1 EL Marmelade und 1 EL Wasser in einem Pfännchen erwärmen) – und der Besuch kann kommen!

1 EL Vanillezucker (siehe Seite 200)
250 g Mascarpone

Einfach den Zucker unter den Mascarpone mischen.

Vanillesahne

Diese Sahne ist leichter als Mascarpone-Creme. Sie passt zu fast jedem Dessert.

250 ml Schlagsahne
1 EL Vanillezucker (siehe Seite 200)

Die Schlagsahne mit dem Zucker steif schlagen. Aber nicht so lange schlagen, dass die Mischung wieder zusammenfällt!

Semifreddo (Halbgefrorenes)

Ich kenne niemanden, der beim Verzehr dieser Leckerei nicht vor Vergnügen geseufzt hätte! Sie ist wirklich köstlich und ihre Zubereitung kinderleicht. Dieses Rezept mit seinen Variationen ist ein klasse Ersatz für Eiscreme. Ich selbst bin zwar ein Fan von selbst gemachtem Eis, aber ehrlich, meistens kaufen wir es doch.

Semifreddo (Halbgefrorenes) ist eine Kategorie für sich – und dabei so vielfältig und erfrischend wie Eiscreme. Ich stelle Ihnen hier meine Lieblingsvariationen vor, aber Sie können auch selbst experimentieren!

Um ein möglichst gutes Ergebnis zu erzielen, sollten Sie sich alle Zutaten vorher zurechtlegen. Die Zubereitung muss dann möglichst rasch vor sich gehen. (Aber seien Sie vorsichtig! Beim Einfrieren sollte so viel Luft wie möglich drin bleiben.) Wenn Sie die entsprechende Geschmackszutat vorbereitet haben, ist das Halbgefrorene tatsächlich in 4 Minuten zusammengemixt. Die fertige Masse in das vorgesehene Gefäß gießen – ich benutze gern eine große Keramikform – und ab damit ins Tiefkühlfach.

Wenn Sie mehr gemacht haben als Sie brauchen, können Sie den Rest in Portionen aufteilen und im Tiefkühlfach aufbewahren. Wollen Sie eine Portion essen, nehmen Sie sie einfach heraus und lassen sie im Kühlschrank zum »semifreddo«, also zum Halbgefrorenen, antauen. Denken Sie daran: Sie dürfen Halbgefrorenes nicht auftauen und dann wieder einfrieren.

Semifreddo ist ziemlich üppig! Eine perfekte Ergänzung sind frische Früchte wie Himbeeren, Erdbeeren, Blaubeeren und Kirschen – was immer gerade Saison hat. In Italien wird häufig eine Karamell- oder Früchtesauce dazu gereicht. Ich mag das eigentlich nicht besonders. Es bleibt natürlich Ihnen überlassen. Aber verkünsteln Sie sich nicht!

12 Portionen
1 Vanilleschote
50 g Zucker
4 große frische Eier aus Freilandhaltung, getrennt
500 ml Schlagsahne
Salz

Die Vanilleschote der Länge nach aufschlitzen und aus jeder Hälfte die Samen herausschaben (die leere Schote nicht wegwerfen, sondern in Zucker geben – siehe Seite 200!). Vanillesamen, Zucker und Eigelbe in einer Schüssel mit dem Schneebesen schlagen, bis eine helle Creme entstanden ist. In einer zweiten Schüssel die Schlagsahne steif schlagen und in einer dritten schließlich das Eiweiß mit einer Prise Salz zu Eischnee schlagen. Nun die gewählte Geschmackszutat (siehe dazu die folgenden Variationen), Schlagsahne und Eischnee unter die Eigelbmischung heben und die fertige Masse sofort in das vorgesehene Gefäß umfüllen. Mit Frischhaltefolie zudecken und bis zum Gebrauch ins Tiefkühlfach stellen.

VARIATIONEN

Semifreddo mit Praliné

Das ist eine meiner absoluten Lieblingssorten: mit gerösteten Haselnüssen in Karamell, einfach super! Die erfolgreiche Herstellung von Karamell erfordert 10 Minuten lang Ihre ungeteilte Aufmerksamkeit. Sie dürfen ihn keinen Moment aus den Augen lassen. Und Vorsicht mit Kindern: Die Verbrennungen durch Karamell gehören zu den schmerzhaftesten, die es gibt – ganz im Ernst! Ich habe mich noch nie mit Karamell verbrannt und Sie sollten es auch nicht tun. Behalten Sie einen kühlen Kopf und widerstehen Sie unbedingt der Versuchung zu kosten!

300 g geschälte Haselnüsse
200 g Zucker
4 EL Wasser

Die Haselnüsse im Backofen bei 225°C goldbraun rösten (ca. 4 Minuten). Sie müssen das wirklich überwachen, denn wenn Sie die Nüsse zu stark rösten, werden sie bitter und ungenießbar. Zucker und Wasser in einen Topf mit dickem Boden geben und bei mittlerer bis hoher Temperatur erhitzen. Die Mischung beginnt zu sprudeln und verwandelt sich dann in einen klaren Sirup. Am Anfang bekommt sie allmählich an einigen Stellen oder von den Seiten her Farbe. Rütteln Sie den Topf sachte hin und her, um die dunkleren mit den helleren Stellen zu mischen. Wenn alles schön goldbraun ist, neigen Sie den Topf vorsichtig von sich weg und streuen die Nüsse hinein. Die Temperatur auf ein Köcheln reduzieren und leicht rühren, damit die Nüsse mit Karamell überzogen werden. Wenn sich der Karamell dunkel goldbraun gefärbt hat, gießen Sie ihn auf ein sauberes, leicht geöltes Blech oder auf eine feuerfeste Arbeitsfläche mit Pergamentpapier. Er erstarrt dann beim Auskühlen zu einer flachen, festen Platte.

Nach dem völligen Auskühlen (das dauert ca. 20 Minuten) die Platte in grobe Stücke zertrümmern und in der Küchenmaschine zerkleinern, bis die Stücke noch ca. ½ cm groß sind. Etwa die Hälfte des zerkleinerten Karamells aus der Maschine nehmen, den Rest zu einem Pulver verarbeiten (oder in einem Küchentuch mit dem Nudelholz zermahlen) und die gesamte Pralinémischung in die Semifreddo-Masse geben.

Semifreddo mit Feigen und Honig

300 g getrocknete Feigen, gehackt
3 große EL Honig (nach Belieben)
6 frische Feigen

Von den Trockenfeigen die kleinen, harten Stiele entfernen. In der Küchenmaschine zusammen mit dem Honig zu groben Stücken zerkleinern. Die frischen Feigen waschen, von den Stielen befreien und grob hacken. Alles miteinander vermischen und in die Semifreddo-Masse geben.

Semifreddo mit Turrón (Nougat)

Die Franzosen nennen sie Nougat, die Italiener Turrone und die Spanier Turrón. Diese Süßigkeiten werden in vielen Geschmacksrichtungen und Verbindungen angeboten. Es gibt sie mit Nüssen, kandierten Früchten, Honig, Kaffee und Schokolade. Manche sind weich, andere hart und knusprig. Letztere eignen sich am besten für dieses Rezept.

400 g Turrón, Nougat oder Turrone (im Geschmack Ihrer Wahl und in der besten Qualität, die Sie finden können)
150 g ungesalzene Pistazien
50 g Schokolade (70 % Kakaobestandteile)
2 große EL Honig

Turrón, Nougat oder Turrone grob zerkleinern und in der Küchenmaschine zu kleinen Stücken weiterverarbeiten (oder in einem Küchentuch mit dem Nudelholz zertrümmern). Dann die Pistazien zufügen, dabei einige zum Dekorieren zurückbehalten. Den Pistazien-Nougat in die Semifreddo-Mischung geben. Die Schokolade darüber reiben, mit Honig beträufeln und die restlichen Pistazien darüber streuen.

PUDDINGS

Puddings mag in England jeder – ich ganz besonders. Sie erinnern mich immer an die meiner Mutter, die es nach dem Sonntagsbraten gibt.

Ich verrate Ihnen das Rezept für meinen Lieblings-Pudding, das Grundrezept für klassischen englischen Pudding und ein paar Variationen. Bei allen ist die Zubereitung kinderleicht und sie kommen bei Gästen immer gut an. Mascarpone oder Vanillecreme (siehe Seite 201) passen super dazu. Sie müssen Ihren Pudding immer im Ganzen auftragen – dampfend heiß und mit der entsprechenden Zugabe obendrauf. Anders geht es einfach nicht!

Mein Lieblings-Pudding (so wie ihn meine Mum macht)

Das ist einfach ein klasse Pudding – mit warmem Sirup darüber und vielleicht sogar mit etwas Schlagsahne. Sensationell!

6 Portionen

115 g Rinderfett oder weiche Butter
450 g gemischte Sultaninen, Rosinen und Korinthen
Schale von 1 Zitrone oder Orange
115 g Weizenmehl
115 g Zucker
115 g Semmelbrösel
1 gestrichener TL gemahlener Ingwer (nach Belieben)
¼ Muskatnuss, gerieben
1 Prise Salz
1 Ei
140 ml Milch

Eine 1½-l-Puddingform aus Glas oder Porzellan fetten (Sie können auch eine Gugelhupf-Form verwenden). Alle Zutaten mit Ausnahme von Ei und Milch miteinander vermischen. Das verquirlte Ei und die Milch zugeben und gut vermengen (ich verwende dazu das Handrührgerät oder den Mixer, aber Sie können problemlos von Hand rühren). Die Mischung in die Form füllen, mit Alufolie oder einem Tuch zudecken und in einen Topf mit Wasser setzen (die Form sollte bis zur Hälfte im Wasser stehen). Das Wasser zum Kochen bringen, den Topf mit einem Deckel verschließen und 3 Stunden köcheln. Ab und zu überprüfen, ob kochendes Wasser nachgegossen werden muss.

Grundrezept für Pudding

225g Mehl
2 gestrichene TL Backpulver
1 Prise Salz
85g Zucker
115g Rinderfett (in schmale Streifen geschnitten) oder weiche Butter
1 großes Ei
8 EL Milch

Eine 1-l-Form fetten. Die gewählte Geschmackszutat (siehe die Variationen im Anschluss) hineingeben. Mehl, Backpulver, Salz, Zucker und den Talg oder die weiche Butter (mit einem Handrührgerät, Mixer oder von Hand) miteinander verarbeiten. Ei und Milch zugeben und gut durchrühren. In die Form füllen, mit Pergamentpapier oder einem Tuch zudecken und mit Bindfaden oder Alufolie fixieren. Dann in einen Topf mit Wasser setzen (die Form sollte bis zur Hälfte im Wasser stehen) und den Topf mit einem Deckel abdecken. Zum Kochen bringen und dann etwa 2 Stunden köcheln, bei Bedarf noch etwas kochendes Wasser nachgießen. Das Wasser nicht verkochen lassen und darauf achten, dass es durchgehend köchelt.

VARIATIONEN

Schokoladen-Orangen-Nuss-Pudding

Verwenden Sie das Rezept für Schokoladenpudding (siehe Seite 209) und ergänzen Sie es durch 120g fein gehackte Nüsse (Walnüsse, Mandeln oder Haselnüsse) und die Schale einer Orange.

Marmeladenpudding

Geben Sie einfach 3 große TL Marmelade auf den Boden der Form.

Schokoladenpudding

Grundrezept für Pudding (siehe Seite 208), zusätzlich 3 EL Kakaopulver unter das Mehl mischen

Schokoladensauce
115 g Puderzucker
115 g Schokolade von guter Qualität
115 g weiche Butter
2 EL Milch

Etwas Wasser in eine Kasserolle geben und eine Schüssel hineinstellen. Das Wasser zum Kochen bringen und dann bis zum leichten Sieden zurückschalten. Zucker und Schokolade in die Schüssel geben und rühren, bis sich alles aufgelöst hat. Von der Kochstelle nehmen und die Butter einrühren. Dann die Milch einrühren. Schließlich ein Viertel der Sauce auf den Boden der vorbereiteten Form gießen, den Rest zurückbehalten. Dieser kann aufgewärmt und vor dem Servieren über den ganzen dampfenden Pudding gegossen werden. Sieht klasse aus!

Ingwerpudding

Grundrezept für Pudding (siehe Seite 208)
1 EL gemahlener Ingwer
50 g Ingwerwurzel, geschält und gehackt

Den gesamten Ingwer zur Grundrezeptmischung geben.

Dazu passt *Golden Syrup* (engl. Zuckersirup, ersatzweise Ahornsirup): entweder am Anfang auf dem Boden der Form verteilen oder erwärmen und zum Schluss über den Pudding gießen.

Früchte-Crumble

Dies ist mit Sicherheit eines der schnellsten Desserts überhaupt! Es schmeckt jedem und Sie können alle Früchte verwenden, die gerade Saison haben. Mit Schlagsahne, Eis, Mascarpone- oder Vanillecreme (siehe Seite 201) servieren.

Es gibt mehrere Variationen. Hier zunächst das Grundrezept:

6 Portionen

Streusel

225 g Weizenmehl
115 g Butter
90 g Zucker
1 Prise Salz

Früchte

450 g Früchte, gewaschen und vorbereitet
3 EL Zucker

Alle Zutaten für die Streusel in einer Küchenmaschine so lange verarbeiten, bis die Mischung krümelig ist. (Sie können das auch mit dem Handrührgerät oder von Hand machen.)

Die Früchte in eine flache feuerfeste Form schichten und mit dem Zucker bestreuen. Die Streuselmasse über die Früchte geben. Die Form ein wenig rütteln und im Ofen bei ca. 200°C etwa 30 Minuten oder so lange backen, bis die Oberfläche gleichmäßig golden ist (wenn die Masse an den Rändern dunkler wird, die Temperatur leicht reduzieren).

VARIATIONEN

Streusel

Sie können die Hälfte des Mehls durch Haferflocken oder einen Teil des Mehls durch gehackte oder gemahlene Nüsse ersetzen. Auch 1 TL gemahlener Ingwer passt gut.

Früchte

Für dieses Rezept können Sie alle beliebigen Früchte oder Fruchtkombinationen verwenden: Äpfel, Äpfel und Brombeeren, Aprikosen, Rhabarber, Schwarze Johannisbeeren, Stachelbeeren, Pfirsiche, Pflaumen, Himbeeren, Birnen, gemischte Sommerfrüchte (noch warm und mit Eis einfach ein Genuss!). Mir fällt eigentlich kein Obst ein, mit dem dieses Rezept nicht funktioniert. Nehmen Sie am besten braunen anstelle von weißem Zucker – damit wird der Saft karamelliger. Und wie wär's mit ein paar Orangenspalten oder gehackter Ingwerwurzel zum Rhabarber oder mit ein paar gerösteten Mandeln in Verbindung mit Pfirsichen und Aprikosen? Zu Apfel-Crumble passen einige Stückchen unbehandelte Zitronenschale und etwas Zitronensaft – oder vielleicht auch ein paar Sultaninen. Probieren Sie auch mal frische Feigen mit Honig anstelle von Zucker aus. Ich wette, Sie haben eine Menge eigener Ideen! Dieses Rezept ist extrem wandlungsfähig.

PS Ich gebe kein Wasser zu den Früchten, da sie sonst Saft ziehen. Falls gewünscht, können Sie jedoch ein paar Löffel Wasser zugeben. Es ist nicht nötig, die Früchte vorher zu kochen.

EIN WANDLUNGSFÄHIGER KUCHEN

Da es in diesem Buch darum geht, was ich gern koche und was sich zu Hause leicht zubereiten lässt, werde ich das folgende Rezept nicht irgendwo auf den hinteren Seiten verschwinden lassen. Man kann diesen Teig ganz einfach herstellen, vorbereiten, einfrieren und variieren.

Süßer Mürbeteig

Für 2 Teigböden von je 30 cm Durchmesser

250 g Butter
200 g Puderzucker
1 mittlere Prise Salz
500 g Mehl
4 Eigelbe
4 EL kalte Milch/kaltes Wasser

Zubereitung des Teigs

Sie können diesen Teig von Hand oder in der Küchenmaschine herstellen. Butter mit Zucker und Salz cremig rühren. Mit dem Mehl und den Eigelben vermengen, bis eine krümelige Masse entsteht. Nun die kalte Milch oder das kalte Wasser zugeben und alles zu einem glatten Teig verkneten, diesen zu einer Kugel formen. Mit Mehl bestäuben und so rasch wie möglich in Form schieben, klopfen und drücken. Ziel ist es, die Zutaten möglichst schonend zu einem Teig zu verarbeiten, damit dieser locker und mürbe bleibt. (Je stärker er verknetet wird, umso elastischer wird er, so dass er sich im Backofen zusammenzieht und zäh wird – und das darf keinesfalls passieren!).

Ruhen lassen

Ich forme den Teig meistens zu einer kurzen, dicken Rolle, wickle ihn in Frischhaltefolie und lasse ihn mindestens 1 Stunde im Kühlschrank ruhen.

Die Form auslegen

Den Teig vorsichtig in ca. 5 mm dünne Scheiben schneiden (nicht bei gefrorenem Teig!). Ich mag den Teig gern so dünn. Sie können ihn jedoch auch dicker machen; allerdings verlängert sich dann die Backzeit. Boden und Rän-

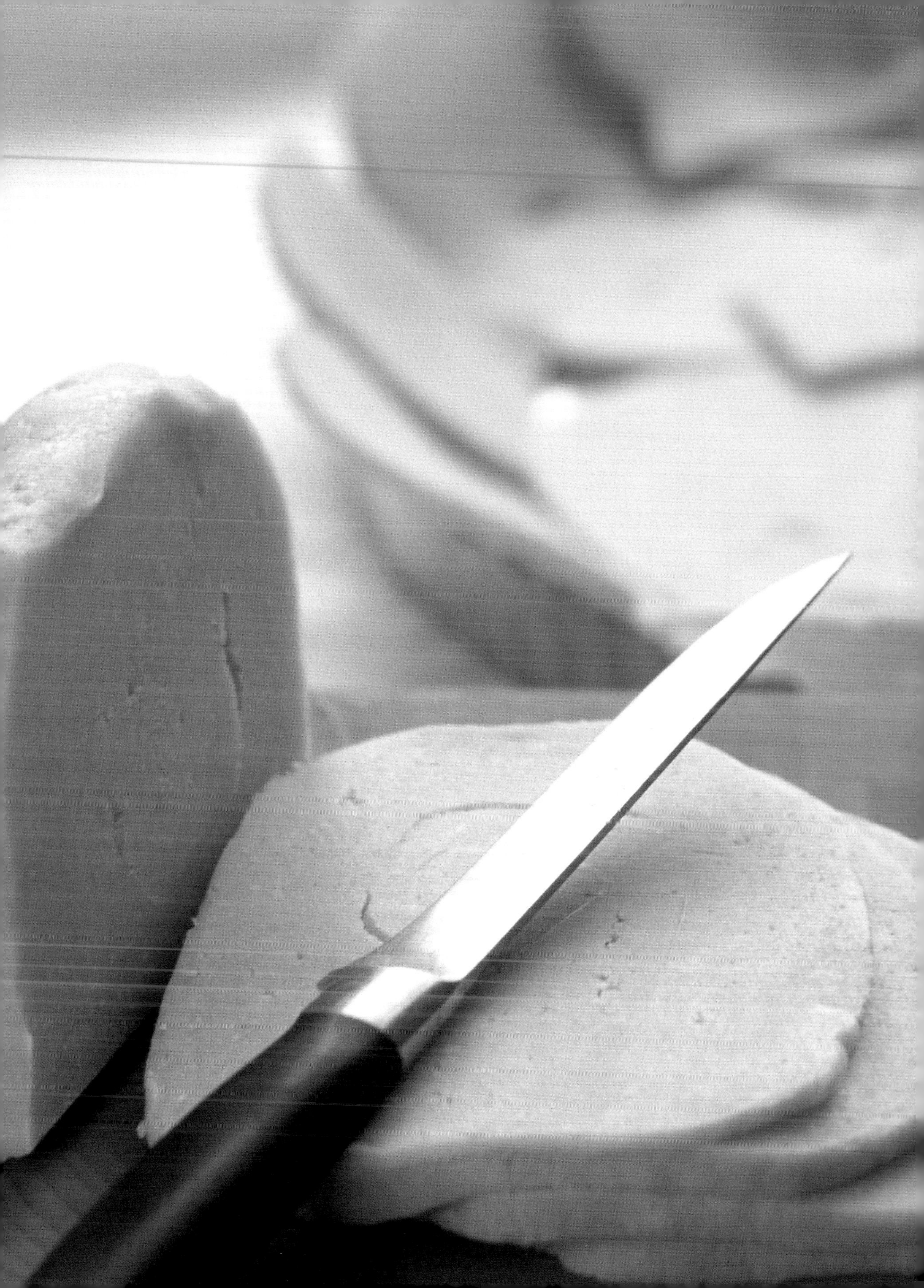

der der Backform (Tarte- oder Obstkuchenform) mit den Teigscheiben auslegen, diese wie Puzzleteile zusammenfügen, ausgleichen, die Seiten mit dem Daumen zurechtschieben und am Rand überstehenden Teig entweder wegschneiden oder überhängen lassen – das ist zwar etwas rustikal, aber mir gefällt es. Wenn die Form ausgekleidet ist, muss der Teig nochmals mindestens 1 Stunde ruhen, am besten im Tiefkühlfach. (Ich bewahre den Teig immer dort auf, weil er sich so gut hält.) Ich lege auch immer gleich zwei Formen aus und friere eine für ein andermal ein. (Natürlich können Sie auch größere Teigmengen herstellen. Verdoppeln Sie dazu einfach die Mengenangaben im Rezept, der Zeitaufwand bleibt gleich.) Es ist einfach praktisch: Tarte aus dem Tiefkühlfach nehmen, in Minutenschnelle backen, schlicht oder auch mal aufwändiger füllen oder belegen – und wenn Sie plötzlich Besuch oder Lust auf ein schönes Dessert bekommen, haben Sie immer was in petto!

Backen

Mürbeteigböden zum Belegen backe ich immer etwa 15 Minuten bei 180°C. Dabei werden sie völlig durchgebacken und nehmen etwas Farbe an. Nach dem Auskühlen kann man den Boden mit allem füllen oder belegen, was nicht mitgebacken wird, wie etwa bei der *Mascarpone-Tarte* mit Früchten oder der *Schokoladen-Tarte* (siehe Seite 221), die Ihnen hoffentlich als Anregung für viele eigene Ideen dienen.

Bei Tartes mit gebackenen Füllungen, etwa der *Mandel-Tarte* oder der *Zitronen- und Limettencreme-Tarte*, muss der Teigboden vorgebacken werden. Man schiebt ihn zunächst bei 180°C 12 Minuten ohne Belag oder Füllung in den Ofen, so dass er gerade durchgebacken ist und etwas Farbe bekommt. Eine andere übliche Methode des Vorbackens besteht darin, Alufolie oder Backpapier auf den Teigboden zu legen und ihn mit getrockneten Bohnen (bzw. Reis, Linsen, Erbsen oder was auch immer) zu füllen, um die Ränder des Bodens zu stützen und zu verhindern, dass sie umklappen. 10 Minuten backen, dann die Bohnen vorsichtig entfernen und weitere 5–10 Minuten backen. Ich gebe zu, das ist mit einem gewissen Aufwand verbunden und ich persönlich mache es nur, wenn es gar nicht anders geht. Wenn Sie den Teigboden aus dem Tiefkühlfach nehmen und in den vorgeheizten Backofen schieben, sollten Sie eigentlich keine Probleme haben.

Nach dem Vorbacken wird die Tarte belegt oder gefüllt und erneut gebacken, bis der Belag oder die Füllung gar sind (die entsprechenden Backzeiten entnehmen Sie bitte den einzelnen Rezepten).

GEBACKENE FÜLLUNGEN

Mandel-Tarte

1 Teigboden, vorgebacken (siehe Seite 214)
400g ganze Mandeln, blanchiert
350g ungesalzene Butter
300g Zucker
3 ganze Eier aus Freilandhaltung

Die Mandeln in der Küchenmaschine zu einem feinen Pulver verarbeiten und in eine Schüssel geben. Butter und Zucker schaumig schlagen. Zusammen mit den leicht verquirlten Eiern zu den Mandeln geben und gut vermischen. Die Masse im Kühlschrank etwas fester werden lassen und dann auf dem Teigboden verteilen – nicht zu großzügig, da sie sonst herausläuft, aber auch nicht zu sparsam, es sei denn, Sie wollen die Tarte noch zusätzlich mit Früchten belegen.

Wenn ja, sollten Sie Früchte verwenden, die noch nicht ganz reif sind, da diese einen schönen Kontrast zu der süßen Creme-Füllung bilden. Ich bevorzuge pralle Kirschen, Nektarinen, Pfirsiche und Birnen. Die Früchte einfach auf die Mandel-Creme legen und leicht in die Füllung drücken.

Auf einem Blech ca. 1 Stunde bei 180°C backen, bis die Mandelmischung fest und golden ist. 30 Minuten auskühlen lassen und mit Eiscreme, Crème Fraîche oder Vanille-Creme (siehe Seite 201) servieren.

Die Tarte hält sich 2 Tage. Es ist auch praktisch, die rohe Mandelmischung und den vorgebackenen Teigboden einzufrieren. So sind Sie immer gewappnet, wenn sich überraschend Besuch ankündigt.

Zitronen- und Limettencreme-Tarte

Dieser Kuchen gehört zu meinen Lieblingskombinationen: Ich finde Zitrone und Limette zusammen viel erfrischender als die gute alte Zitrone allein. Wenn Sie das herrliche Limettenaroma noch verstärken wollen, geben Sie einfach die geriebene Schale von 4 unbehandelten Limetten gleich am Anfang in die Füllung. Diese wird nach dem Vorbacken des Teigbodens im Ofen gebacken, so dass sich das Gebäck durch eine samtweiche, cremige Füllung und einen mürben und knusprigen Teigboden auszeichnet.

1 Teigboden (siehe Seite 214)
340 g Zucker
8 große Eier aus Freilandhaltung
350 ml Schlagsahne
200 ml Limettensaft
100 ml Zitronensaft

Da dieser ganz spezielle Kuchen eine feuchte Füllung hat, ist es wichtig, dass man den ungebackenen Teigboden mit Eiweiß, vermischt mit etwas Wasser, bepinselt, bevor man sie darauf verteilt. Dadurch entsteht eine Art wasserdichte Schicht und der Teig bleibt länger knusprig und mürb.

Den Teigboden vorbacken (siehe Seite 214). Zucker und Eier in einer Schüssel gut verschlagen, dann langsam die Schlagsahne und den Saft einrühren. Die Füllung auf den vorgebackenen Teigboden gießen und das Ganze vorsichtig, ohne zu kleckern, wieder in den Backofen schieben. Etwa 40–45 Minuten bei 180 °C oder solange backen, bis die Füllung fest, aber in der Mitte noch leicht schwabbelig ist. (Die Zeit kann je nach Backofen variieren, deshalb müssen Sie die Tarte wahrscheinlich ein paar Mal backen, bis Sie abschätzen können, wann Sie sie aus dem Ofen nehmen müssen.) Die Tarte eine Stunde auskühlen lassen; danach hat sich auch die leicht schwabbelige Füllung in der Mitte zu einer perfekten, samtweichen Konsistenz verfestigt. Wenn Sie den Kuchen anschneiden, bevor er ganz ausgekühlt ist, läuft die Füllung aus oder ist extrem klebrig.

Wenn Sie wollen, können Sie das Gebäck mit Puderzucker bestreuen und mit einem Berg frischer Himbeeren oder Erdbeeren servieren. Was auch immer Sie dazu reichen, es sollte möglichst einfach sein – denn die Hauptrolle kommt hier zweifellos der Tarte zu!

Schokoladen-Tarte mit Früchten

Am besten servieren Sie diese Tarte mit Beerenfrüchten der Saison (Blaubeeren, Himbeeren oder Erdbeeren).

1 Teigboden, Durchmesser 25 cm, vorgebacken (siehe Seite 214)
140 g ungesalzene Butter
150 g Kochschokolade, von bester Qualität (70 % Kakaobestandteile)
8 EL Kakaopulver, gesiebt
1 kleine Prise Salz
4 Eier
200 g Zucker
3 EL Golden Syrup (heller Zuckersirup, ersatzweise Ahornsirup)
3 gehäufte EL saure Sahne oder Crème fraîche

Butter, Schokolade, Kakaopulver und Salz in einer Schüssel über einem Topf mit köchelndem Wasser langsam schmelzen. Dabei gelegentlich umrühren, bis sich alles gut vermischt hat. In einer anderen Schüssel Eier und Zucker schaumig schlagen, dann den Sirup und die saure Sahne oder Crème fraîche zugeben. Die Schokoladenmischung mit dieser Masse verrühren, dabei alle Reste der Schokomischung mit einem Spatel aus der Schüssel schaben. Nachdem Sie alles gut vermischt haben, die Füllung auf dem Teigboden verteilen. Im vorgeheizten Ofen 40–45 Minuten bei 150 °C backen. Dabei entsteht eine herrliche Kruste.

Das Gebäck vorsichtig aus dem Ofen nehmen und mindestens 45 Minuten auf einem Gitter auskühlen lassen. Auf der Oberfläche bilden sich Risse und die Füllung zieht sich ein wenig zusammen.

Einfache Schokoladen-Tarte

NICHT GEBACKENE FÜLLUNGEN

Einfache Schokoladen-Tarte

Dieser Kuchen ist super: Wenn wie aus dem Nichts plötzlich und unerwartet Schokoladen-Fans auftauchen, ist er im Handumdrehen fertig. Diese spezielle Tarte benötigt einen etwas dickeren Teigboden. Und: Je besser die Schokolade, umso leckerer der Kuchen!

1 Teigboden, vorgebacken (siehe Seite 213)
300 ml Schlagsahne
2 gestrichene EL Zucker
1 winzige Prise Salz
120 g weiche Butter
450 g Kochschokolade von bester Qualität, zerbröckelt
100 ml Milch
Kakaopulver

Schlagsahne, Zucker und eine Prise Salz in einen Topf geben und aufkochen. Sofort von der Kochstelle nehmen, Butter und Schokolade zugeben. Rühren, bis sich die Schokolade völlig aufgelöst hat. Die Mischung etwas abkühlen lassen, dann die kalte Milch einrühren, bis eine glatte, glänzende Masse entstanden ist. Manchmal sieht es so aus, als würde die Mischung gerinnen. In diesem Fall noch ein wenig abkühlen lassen und mit etwas zusätzlicher kalter Milch glatt rühren. Die Masse mit einem Spatel auf dem gebackenen und ausgekühlten Teigboden verteilen. Den Kuchen leicht hin- und herschwenken, damit sich die Füllung gleichmäßig verteilt, und 1–2 Stunden auf Zimmertemperatur abkühlen lassen. Mit dem Kakaopulver bestäuben. Im Idealfall ist der Teig schön mürbe und knusprig und die glatte Füllung lässt sich wie Butter schneiden.

Mascarpone-Tarte mit Früchten

Der schnellste Kuchen überhaupt! Mit frischen Beeren und Steinobst schmeckt er besonders gut! Verteilen Sie die Mascarpone-Creme (siehe Seite 201) auf dem gebackenen und ausgekühlten Teigboden (siehe Seite 214). Mit einem Streichmesser glätten und mit jeder Menge Früchten belegen.

FONDS, SAUCEN, MAYONNAISEN & CO.

Geflügelfond

Geflügelfond sollte man praktischerweise immer im Kühlschrank oder in der Tiefkühltruhe haben. Ich koche ihn immer gleich auf Vorrat. Dafür kaufe ich normalerweise Flügel und Keulen; man kann beim Fleischer aber auch Hühnerklein sehr billig bekommen. Ich habe auch schon aus den Knochen und Resten des sonntäglichen Brathähnchens einen Hühnerfond zubereitet. Das Ganze kommt in einen Topf und dann verfahre ich damit genau nach dem Rezept, das ich Ihnen hier vorstelle. So zubereitete Brühe eignet sich bestens; sie ist zwar nicht ganz so klar, schmeckt aber sehr lecker.

Für 4 Liter Fond:
2 kg Hühnerklein und -knochen, in Stücke gehackt
½ Knoblauchknolle, zerteilt, aber nicht geschält
5 Selleriestangen, grob geschnitten
2 mittelgroße Lauchstangen, grob geschnitten
2 mittelgroße Zwiebeln, grob geschnitten
2 große Karotten, grob geschnitten
3 Lorbeerblätter
3 frische Rosmarinzweige
5 frische Petersilienzweige
5 frische Thymianzweige
5 ganze schwarze Pfefferkörner
6 l kaltes Wasser

Hühnerklein und -knochen, Knoblauch, Gemüse, alle Kräuter und die Pfefferkörner in einen großen, hohen Topf mit dickem Boden geben. Das Wasser zugießen, zum Kochen bringen, dann die Temperatur so herunterschalten, dass alles sanft köchelt. 3–4 Stunden sieden lassen, dabei immer wieder den Schaum abschöpfen. Die fertige Brühe durch ein Sieb gießen und auskühlen lassen. In kaltem Zustand sollte sie klar und von heller Bernsteinfarbe sein. Ich friere den Fond dann portionsweise in kleinen Plastikbehältern ein. Im Kühlschrank kann man ihn etwa 4 Tage aufbewahren, in der Tiefkühltruhe ca. 2–3 Monate.

Fischfond

Es ist nie falsch, auch einen Vorrat an Fischfond in der Tiefkühltruhe zu haben. Lassen Sie sich beim Fischkauf die Abfälle (Gräten und Köpfe) mitgeben und machen Sie zu Hause eine Brühe daraus. Sie können die Fischabfälle auch bis zur Verwendung einfrieren. Die beste Brühe ergeben die Abfälle von Steinbutt, Seezunge und Seeteufel. Sie haben einen besonders intensiven Geschmack und enthalten viel Gelatine. Die Gräten von Kabeljau, Barbe, Petersfisch, Scholle und Glattbutt sind ebenfalls geeignet, aber leichter. Ich verwende gewöhnlich keine Gräten von fetten Fischen.

Für 3 Liter Brühe:
2 kg Fischabfälle (Gräten und nach Wunsch auch Köpfe)
2 Selleriestangen, grob geschnitten
½ Fenchelknolle, grob geschnitten
½ Knoblauchknolle, die Zehen geschält und in feine Scheiben geschnitten
2 getrocknete rote Chilischoten
2 EL Olivenöl
250 ml Weißwein
3½ l Wasser
Saft von 1 Zitrone
6 frische Petersilienzweige
3 Lorbeerblätter
1 Thymianzweig

Die Fischgräten gründlich waschen. Wenn Sie auch Fischköpfe verwenden, Kiemen und Augen entfernen. Die Gräten zerkleinern. In einem großen, hohen Topf mit dickem Boden das Gemüse mit Knoblauch und Chilis im Olivenöl ein paar Minuten weich dünsten, aber keine Farbe annehmen lassen. Die Gräten und Köpfe zufügen und 3–4 Minuten weiterdünsten, dann den Weißwein angießen. 2 oder 3 Minuten kochen lassen und leicht reduzieren. Das kalte Wasser angießen, zum Kochen bringen, regelmäßig den Schaum abschöpfen. Den Zitronensaft und alle frischen Kräuter zugeben. 20 Minuten köcheln lassen und immer wieder abschäumen. (Nicht zu lange kochen, da die Gräten sonst einen bitteren Geschmack abgeben und die Brühe trüb wird.) Durch ein Sieb gießen und abkühlen lassen. Nun können Sie die Brühe weiter kochen und zu einem Fond reduzieren, um den Geschmack zu verstärken. Man kann ihn 2–3 Tage im Kühlschrank auf bewahren; tiefgefroren hält er sich 1–2 Monate. Ein guter Fond ist schmackhaft, klar und geliert bei kühleren Temperaturen.

Gemüsebrühe

Für ca. 3 Liter Brühe:
1 EL Olivenöl
2 mittelgroße Zwiebeln
2 große Karotten, zerkleinert
2 große Lauchstangen, zerkleinert
½ Stangensellerie (die fasrigen, stängelartigen Teile mit verwenden), zerkleinert
½ Fenchelknolle, zerkleinert
½ Knoblauchknolle, die Zehen geschält und grob geschnitten
4 l Wasser
2 Thymianzweige
1 Rosmarinzweig
3 Lorbeerblätter
1 getrocknete Chilischote
4 Pfefferkörner
2 TL Salz

nach Belieben: *Verfeinern Sie die Brühe mit einer Hand voll getrockneter Pilze.*

Das Olivenöl in einem großen, hohen Topf mit dickem Boden erhitzen, das Gemüse und den Knoblauch hineingeben. 5 Minuten – falls gewünscht, mit geschlossenem Deckel – leicht dünsten, bis alles relativ weich ist, aber noch keine Farbe angenommen hat. Das kalte Wasser angießen, zum Kochen bringen und abschäumen. Die frischen Kräuter, Chili, Pfefferkörner und Salz zugeben. 2 Stunden köcheln lassen, dabei immer wieder den Schaum abschöpfen. Durch ein Sieb gießen. Sie können die Brühe bis zu einer Woche im Kühlschrank aufbewahren oder portionsweise einfrieren. In der Tiefkühltruhe hält sie sich ca. 3–4 Monate.

Klare Brühe

Wenn Sie eine leckere Brühe zubereitet haben, möchten Sie ihr vielleicht noch etwas zusätzlichen Geschmack verleihen und alle Trübstoffe daraus entfernen, so dass die Brühe glasklar wird. Dieses Verfahren, das genau der Zubereitung einer Consommé oder Kraftbrühe entspricht, galt früher als unglaublich schwierig und kompliziert, aber das ist Unsinn.

Für 2–3 Liter klare Brühe:
3–4 l Brühe
3 Eiweiß
100 g mageres Fleisch oder Fisch, in kleinen Stücken (die verwendete Fleisch- oder Fischart sollte zu Ihrer Brühe passen)
1 mittelgroße Lauchstange, fein gehackt
1 Selleriestange, sehr fein gehackt
1 reife Eiertomate, fein gehackt
1 Karotte, geschält und fein gehackt
gut 1 Hand voll frische Kräuter, z.B. Petersilie, Majoran, Oregano

Gießen Sie Ihre Brühe in einen großen Topf. Dann Eiweiß, Fleisch oder Fisch, das gesamte Gemüse und alle Kräuter in eine Schüssel geben, leicht verrühren, damit sich das Eiweiß verteilt, und die Masse mit dem Schneebesen unter die Brühe schlagen. Langsam zum Sieden bringen und einige Minuten kräftig umrühren.

Im Wesentlichen passiert hier Folgendes: Beim Aufkochen der Brühe gerinnt das Protein im Eiweiß und Fleisch oder Fisch, wobei alle fein gehackten Gemüse- und Kräuterteilchen eingefangen werden. Sie sammeln sich an der Brühenoberfläche wie eine Art Haut, und die Brühe wird klar. Wichtig ist dabei nur, dass die Brühe nicht kochen darf – lassen Sie sie ca. 30 Minuten nur leicht sieden. Die Bläschen aus der köchelnden Brühe erzeugen meist ein kleines Loch oder einen Riss, den ich mit einem Schöpflöffel vorsichtig vergrößere. Wenn sich nach einer halben Stunde eine schöne Kruste gebildet hat und die Brühe völlig klar ist, das Ganze noch ca. 10 Minuten ruhen lassen. Dann erst wird die Brühe mit einem Schöpflöffel vorsichtig durch ein feines Sieb abgegossen. Um ganz sicher zu gehen, dass keine schwebenden Teilchen zurückbleiben, können Sie ein sauberes Küchentuch oder eine Stoffserviette in das Sieb legen.

Die geklärte Brühe kann 4 Tage im Kühlschrank oder bis zu 2 Monate in der Tiefkühltruhe aufbewahrt werden.

Pikante Würzbutter

Pikante Würzbutter kann man für einen raschen Snack wie Knoblauchbrot verwenden – oder wenn man Fisch, Fleisch und Gemüse auf besonders herzhafte Art braten möchte. Sie können die verschiedensten Geschmackszutaten benutzen. Ganz vorzüglich eignen sich Kräuter – vor allem Basilikum, Koriander, Rosmarin, Salbei oder Thymian. Aber auch Knoblauch, Oliven, sonnengetrocknete Tomaten, Anchovis (Sardellen), Chilis, Zitronen mit Thymian – oder was Ihnen gerade einfällt.

Die Butter bei Zimmertemperatur weich werden lassen. Die gewählte Zutat fein oder grob hacken. Wie viel Sie davon verwenden, bleibt Ihnen überlassen – das hängt ganz davon ab, wie stark der Geschmack sein soll. Nun die Zutat unter die Butter kneten. Die Masse mit einem Spatel auf Pergamentpapier geben, zu einer Wurst zusammenrollen, die Enden umklappen und in eine gleichmäßige Form bringen. Hält sich in der Gefriertruhe mehrere Monate.

Geklärte Butter

Zur Herstellung von geklärter Butter gebe ich etwas Butter in einen Topf und stelle ihn in den Backofen, den ich auf die niedrigste Temperatur eingestellt habe. Nach ca. 45 Minuten ist die Butter zerlaufen und die Molke hat sich auf dem Boden abgesetzt. Die Oberfläche abschöpfen, die reine, geklärte goldene Butter in einen anderen Behälter gießen und die Molke wegwerfen. Geklärte Butter kann sehr hoch erhitzt werden ohne dabei den typischen Buttergeschmack zu verlieren. Sobald die Butter ausgekühlt ist, in mehrere Schichten Butterbrotpapier wickeln oder in Plastikbehälter füllen. Die Butter kann 1–2 Wochen im Kühlschrank oder bis zu 3 Monate in der Tiefkühltruhe aufbewahrt werden.

Sie können geklärte Butter zum Braten von Fleisch oder Fisch verwenden; sie verleiht dem Bratgut eine wunderschöne goldbraune Farbe.

Mayonnaise

8 Portionen

1 großes Eigelb
1 EL Dijonsenf
3 kleine Prisen Salz
1 EL Weißweinessig
1 EL Zitronensaft
300 ml Erdnussöl
300 ml Olivenöl

Mayonnaise können Sie in der Küchenmaschine, von Hand mit dem Schneebesen in einer Schüssel oder mit dem Handrührgerät herstellen. Eigelb, Senf, 3 kleine Prisen Salz, Essig und Zitronensaft in eine Schüssel geben und schlagen, bis sich das Salz aufgelöst hat. Unter schnellem Schlagen kleine Mengen des Öls tropfenweise unterrühren, so dass die Eier sich damit verbinden. (Wenn Sie das Öl zu schnell hineingießen, kann die Masse gerinnen.) Nachdem Sie ein Viertel des Öls untergerührt haben, beginnt die Mischung wie Mayonnaise auszusehen und Sie können das Öl nun etwas rascher zugeben. Falls Ihnen die Mayonnaise gerinnt, geben Sie 1 EL kochendes Wasser hinein, dann kann sie sich wieder verbinden. Wenn Sie das ganze Öl zugegossen haben, sollte die Mayonnaise dick, cremig und hellgelb sein. Zum Schluss noch abschmecken.

Die Mayonnaise kann mit gehackten Kräutern oder gerösteten gehackten Nüssen verfeinert werden – zum Beispiel als Basilikummayonnaise, Dillmayonnaise oder Mayonnaise mit gerösteten Mandeln.

Aïoli

Zur Herstellung von Aïoli verwende ich zwei verschiedene Olivenölsorten: eines, das etwas teurer, etwas würziger und kräftiger ist, und dazu ein zweites, milder, aber dennoch fein und fruchtig. Dadurch erhält man einen Olivenölgeschmack, der nicht zu stark oder zu würzig ist.

Aïoli schmeckt köstlich zu kaltem Schweinebraten. Basilikumaïoli passt zu rosa gegrilltem Lachs und Zitronenaïoli zu Crostini in Fischbrühe.

8 Portionen

½ kleine Knoblauchzehe, geschält
1 TL Salz
1 großes Eigelb
1 TL Dijonsenf
ca. 300 ml kalt gepresstes Olivenöl
ca. 300 ml Olivenöl
Zitronensaft

Den Knoblauch mit 1 TL Salz im Mörser zerstoßen (falls Sie keinen haben, den Knoblauch sehr fein hacken). Das Eigelb und den Senf in einer Schüssel aufschlagen. Dann das Olivenöl tropfenweise zugeben. Wenn Sie ein Viertel des Öls verarbeitet haben, können Sie den Rest in größeren Portionen zugeben. Nachdem das gesamte Öl eingearbeitet ist, können Sie Knoblauch und Zitrone (nach Belieben) zufügen und das Ganze auch noch mit anderen Aromen wie Basilikum, Fenchelgrün, Dill oder gerösteten gehackten Nüssen verfeinern. Schließlich mit Salz, frisch gemahlenem schwarzen Pfeffer und Zitronensaft abschmecken.

Brotsauce

Brotsauce passt vorzüglich zu Braten aller Art.

6 Portionen
1 mittelgroße Zwiebel, geschält
6 Gewürznelken
1 Lorbeerblatt
1 Prise geriebene Muskatnuss
½ TL gemahlener schwarzer Pfeffer
1 TL Salz
300 ml Milch
120–140 g Semmelbrösel
30 g Butter
2 EL Sahne

Die mit den Gewürznelken gespickte Zwiebel, Lorbeerblatt und Muskat mit dem schwarzen Pfeffer, dem Salz und der Milch in einen Topf geben, zum Kochen bringen und ca. 5 Minuten köcheln lassen. Von der Kochstelle nehmen und etwa 15 Minuten stehen lassen. Die Milch durch ein Sieb gießen und alle anderen Zutaten entfernen. Die Milch wieder aufkochen, köcheln lassen und nach und nach die Semmelbrösel einrühren. Butter und Sahne zufügen und mit Salz und Pfeffer abschmecken. Falls die Sauce zu flüssig erscheint, noch mehr Semmelbrösel einstreuen, ist sie dagegen ein wenig zu dick, gießen Sie noch etwas Milch zu. In letzter Zeit peppe ich meine Brotsauce gern mit 3–4 TL Englischem Senf auf.

Apfelsauce

6–8 Portionen

4 große Äpfel
50g Zucker
Saft von 1 Zitrone
4 Gewürznelken
50g Butter

Die Äpfel schälen, entkernen und vierteln. Mit dem Zucker, dem Zitronensaft und den Gewürznelken in eine Kasserolle geben (falls gewünscht, 1 EL Wasser zufügen) und weich dünsten. Die Gewürznelken entfernen, die Butter einrühren und die Masse entweder zu einem Brei zerstampfen oder nur teilweise pürieren, so dass die Sauce noch Apfelstückchen enthält – ich persönlich mag das recht gern.

Pfefferminzsauce

Das ist die traditionelle englische Pfefferminzsauce. Ein kleiner Klecks passt hervorragend zu Lammbraten.

6–8 Portionen

4 gehäufte EL gehackte frische Minze
1 TL Zucker
1 EL heißes Wasser
2 Prisen Salz
3 EL Weißweinessig

Die Minze mit dem Zucker und dem Wasser in eine Schüssel geben. Rühren, bis sich der Zucker aufgelöst hat. Salz und Essig zufügen und mindestens 30 Minuten ziehen lassen.

Pesto

Pesto ist eine Basilikumsauce oder -paste. Sie passt zu den unterschiedlichsten Gerichten, etwa zu Nudeln aller Art, zu gegrilltem oder gebratenem Fleisch und zu Gemüse – eigentlich zu fast allem. Heutzutage ist häufig auch rotes Basilikum erhältlich, so dass man rotes Pesto machen kann – diese Sauce ist ebenso vielseitig und bietet farblich eine hübsche Abwechslung. Man kann Pesto zwar mit der Küchenmaschine herstellen, aber am besten gelingt es im Mörser – ich weiß auch nicht, warum. Es liegt wahrscheinlich daran, dass durch das Zerstoßen und Zerdrücken der Basilikumblätter die herrlichen Aromen besser freigesetzt werden.

4 Portionen
¼ Knoblauchzehe, geschält und gehackt
gut 3 Hand voll Basilikum, die Blätter abgezupft
1 Hand voll leicht geröstete Pinienkerne
gut 1 Hand voll geriebener Parmesan
kalt gepresstes Olivenöl (Extra Vergine)
Salz und frisch gemahlener schwarzer Pfeffer
ein kleiner Spritzer Zitronensaft (nach Belieben)

Den Knoblauch in den Mörser oder die Küchenmaschine geben. Wer einen stärkeren Knoblauchgeschmack mag, kann mehr davon nehmen, mir persönlich reicht ¼ Zehe, da diese Menge bei rohem Knoblauch schon ganz schön heftig ist. Zusammen mit den frischen Basilikumblättern zerstoßen oder maschinell zerkleinern. Die ausgekühlten goldbraun gerösteten Pinienkerne in die Mischung geben und ebenfalls zerstoßen oder zerkleinern. In eine Schüssel umfüllen und die Hälfte des Parmesans zufügen. Vorsichtig einrühren und gerade so viel Olivenöl zugeben, dass die Sauce gebunden wird und die richtige Konsistenz erhält – halb feucht, halb kompakt.

Die Mischung kosten und mit etwas Salz, Pfeffer und dem restlichen Käse abschmecken. Noch ein wenig Öl zugeben und erneut kosten. Von der einen oder anderen Zutat noch so viel zufügen, bis alles passt – so wird Pesto gemacht! Es gibt keine wirklichen Regeln, aber so lange man die Sauce aus den besten Zutaten frisch zubereitet, wird sie immer großartig schmecken. Beim letzten Abschmecken vielleicht noch einen Spritzer Zitronensaft zugeben. Die Zitrone ist nicht in allen Pestorezepten aufgeführt, passt aber sehr gut, weil sie das Aroma des Basilikums betont.

Salsa Verde

Diese Sauce gelingt am besten, wenn man die Zutaten von Hand fein hackt. Salsa Verde ist nur 1 Tag lang haltbar. Sie passt super zu gegrilltem, gebratenem oder gekochtem Fleisch, Fisch und Gemüse.

8 Portionen
1½–2 Knoblauchzehen, geschält
1 kleine Hand voll Kapern
1 kleine Hand voll Essiggurken (in süßem Essig eingelegt)
6 Anchovisfilets (Sardellenfilets)
2 große Hand voll glatte Petersilie, die Blätter abgezupft
1 Bund frisches Basilikum, die Blätter abgezupft
1 Hand voll frische Minze, die Blätter abgezupft
1 EL Dijonsenf
3 EL Rotweinessig
ca. 8 EL kalt gepresstes Olivenöl (Extra Vergine)
Salz und frisch gemahlener schwarzer Pfeffer

Alle festen Zutaten fein hacken, in eine Schüssel geben, Senf und Rotweinessig zufügen. Dann das Olivenöl langsam einrühren, bis die gewünschte Konsistenz erreicht ist. Mit frisch gemahlenem schwarzen Pfeffer würzen und, falls nötig, mit Meersalz und Rotweinessig abschmecken.

Chili-Fenchel-Sauce

Schmeckt gut zu gegrilltem Fisch oder Meeresfrüchten, besonders zu gebackenem oder gegrilltem Lachs oder zu Kabeljaufilet: Den Fisch im Ganzen auf einer großen Platte anrichten und die Sauce darüber geben. Dann den Fisch auf Zimmertemperatur abkühlen lassen, damit er mariniert und die herrlichen Aromen aufnimmt. Die Platte in die Mitte des Tisches stellen, so dass sich jeder bedienen kann. Reichen Sie dazu gekochte Kartoffeln, einen schönen Salat und Brot.

6 Portionen
4 mittelgroße Chilischoten
1 Fenchelknolle
Saft von 1–2 großen Zitronen
1 Hand voll Fenchelgrün, falls vorhanden
ca. 8 EL Olivenöl
Salz und frisch gemahlener schwarzer Pfeffer

Die Chilis entkernen und fein hacken. Stängel und Stiele der Fenchelknolle abschneiden, das Fenchelgrün zurückbehalten. Die Unterseite der Knolle abschneiden und alle äußeren Blätter entfernen, die etwas hart erscheinen. Die Knolle halbieren und in ganz feine Scheiben schneiden. Die Scheiben würfeln. Dann das Fenchelgrün hacken. Alles in eine Schüssel geben, den Saft von 1 Zitrone (oder nach Belieben mehr) darüber träufeln und das Öl einrühren. Mit Salz und Pfeffer würzen.

Chili-Paprika-Sauce

Dünn aufgeschnittene Focaccia (oder auch knuspriges Baguette) schmeckt mit diesem Dip besonders lecker – ein perfekter Partysnack.

6 Portionen
2 rote Paprikaschoten
½ rote Zwiebel, fein gehackt
4 mittlere/große rote Chilischoten, entkernt und fein gehackt
½ Knoblauchzehe, geschält und fein gehackt
8 EL Olivenöl
1 EL Rotweinessig
1 Hand voll Petersilie, fein gehackt
1 Hand voll Basilikum, fein gehackt
Salz und frisch gemahlener schwarzer Pfeffer

Die Paprikaschoten im Ganzen grillen, bis die Haut geschwärzt ist, dabei mehrmals wenden. Noch heiß in eine Schüssel geben und mit Frischhaltefolie zudecken. Ausdampfen lassen (dann lässt sich die Haut der Paprikaschoten besser abziehen). Die Paprika enthäuten, entkernen und fein hacken. Die restlichen Zutaten zugeben und gut vermischen. Mit Salz und Pfeffer abschmecken. 1 Stunde ruhen lassen, damit sich die Aromen entfalten können. Falls nötig, vor dem Servieren nachwürzen.

Kokos-Tomaten-Gurken-Limetten-Relish

Das ist eine wirklich frische Beilage oder ein Appetithappen, der kinderleicht zubereitet ist. Passt gut zum grünen Hähnchencurry (siehe Seite 122).

4 Portionen

16 Kirschtomaten, geviertelt oder grob gehackt
½ frische Kokosnuss, gerieben oder gehobelt
1 kleine Hand voll Basilikum oder Korianderkraut, grob gehackt
15 cm einer Gurke, geschält, entkernt und grob gehackt
1 EL Olivenöl
Salz und frisch gemahlener schwarzer Pfeffer
Saft von 1–2 Limetten
1 frische rote Chilischote, in feine Ringe geschnitten (nach Belieben)

Tomaten, Kokosnuss, Basilikum, Gurke und Chili in eine Schüssel geben und vermischen. Kurz vor dem Servieren das Olivenöl zufügen, mit Salz, Pfeffer und Limettensaft abschmecken.

Tomatensauce

Diese Sauce hält sich tiefgefroren ein paar Monate oder bis zu einer Woche im Kühlschrank. Sie ist die Grundlage für eine ganze Menge Gerichte.

6–8 Portionen
1 große Knoblauchzehe, geschält und fein gehackt
2 EL Olivenöl
1 kleine getrocknete rote Chilischote, zerbröselt
2 TL getrockneter Oregano
3 Dosen italienische Eiertomaten (je 400 g)
1 EL Rotweinessig
1 Hand voll Basilikum oder Majoran (oder beides), grob gehackt
Salz und frisch gemahlener schwarzer Pfeffer
2–3 EL Olivenöl (Extra Vergine)

Den Knoblauch mit dem Olivenöl in einem Topf mit dickem Boden anbraten, dann Chili, Oregano und Tomaten zufügen. Vorsichtig vermischen, aber die Tomaten nicht zerteilen, da sonst durch die Kerne die Sauce bitter wird. Wenn Sie die Tomaten ganz lassen und die Mischung leicht köcheln, schmeckt die Sauce schön süßlich. (Sie können die Tomatenkerne natürlich auch entfernen – ich mache mir nicht die Mühe.) Zum Kochen bringen und etwa 1 Stunde leicht köcheln. Den Essig zugießen, umrühren und die Tomaten in der Sauce zerkleinern. Zum Schluss die frischen Kräuter einstreuen, mit Salz und Pfeffer gut abschmecken und 2–3 EL kalt gepresstes Olivenöl zugeben.

Eingelegte Chilis

Eingelegte Chilis sind einfach Spitze! Das Gute daran ist, dass sie im Kühlschrank warten, bis sie gebraucht werden. Ich verwende sie besonders gern in kurz gebratenen Gerichten und in Brühen oder esse sie so mit Käse und Brot. Echt lecker – Sie sollten sie unbedingt probieren!

600 g mittelgroße grüne Chilischoten
15 schwarze Pfefferkörner
5 Lorbeerblätter
2 EL Koriandersamen
5 TL Salz
6 gehäufte EL Zucker
1 l Weißweinessig oder Reisessig

Für dieses Rezept müssen Sie absolut makellose grüne Chilis kaufen (Sie können auch rote verwenden, die sind aber etwas schärfer). Vom Stängelende zur Spitze hin auf einer Seite aufschneiden und die Kerne entfernen (mit dem Stiel eines Teelöffels geht das sehr gut). Die Chilis mit kochendem Wasser überbrühen, 5 Minuten ruhen lassen und dann abgießen. Dadurch werden auch die meisten noch verbliebenen Kerne entfernt. Als nächstes die schwarzen Pfefferkörner, die Lorbeerblätter, den Koriander, die Chilis und das Salz in ein großes Glas mit Schraubverschluss oder einen anderen luftdicht verschließbaren Behälter geben. Zucker und Essig in einem Topf erhitzen, bis sich der Zucker völlig aufgelöst hat. Die Chilis und die anderen Zutaten im Glas mit der sehr heißen, aber nicht kochenden Mischung übergießen. Auskühlen lassen, mit dem Deckel verschließen, im Kühlschrank aufbewahren und erst nach zwei Wochen essen. Die eingelegten Chilis halten sich im Kühlschrank mindestens 4 Monate lang.

REGISTER

Fettgedruckte Seitenzahlen bezeichnen Abbildungen
v weist auf ein vegetarisches Rezept hin

DANK

Meinen Eltern, für eine tolle Kindheit und dafür, dass sie mir so viele Möglichkeiten boten. Und Jools, meinem Liebling, dafür, dass sie es mit mir aushält und mir eine ´runterhaut, wenn´s nötig ist.

Rosie Gray und Ruthie Rogers für ihre wertvolle Zeit, Ermutigung und Unterstützung. Gennaro Contaldo dafür, dass er mich unter seine Fittiche genommen und in mir die Begeisterung für die bodenständige italienische Küche geweckt hat. Du Schurke! Paul und Anna für ihre Aufmunterung und Inspiration. Wilko dafür, dass er mir einen super Motorroller verkauft hat. Bender, dem Australier, für seine gute Laune und dafür, dass er ein guter Freund, eine große Hilfe und ein verdammt guter Koch ist (und gerne mal einen trinkt!). Der Girth Boys Inc.: Arthur, Ben (Nummer 2), Ashley, Theo, Peter, Gary und Damo. Mark Phillips Ansell für seine Unterweisungen und Einfälle in den frühen Jahren – und allen anderen im *Cricketers* in Clavering. Tim von Tesco für seine Hilfe bei der Fisch-Suche in Supermärkten.

Jean Cazals und David Eustace für ihre tollen Fotos und dafür, dass es auch an hektischen Tagen was zu lachen gab. Allen bei Michael Joseph/Penguin dafür, dass sie genauso viel Energie in dieses Buch investiert haben wie ich: Tom Weldon, Johnny Boy Hamilton, Nick »Zeus« Wilson, der reizenden Lindsey Jordan, Nici Stanley und James Holland. Ein Hoch auf Euch alle!

Optomen Television und allen, die an den Sendungen beteiligt waren: Pat Llewellyn, Peter Gillbe, Corinne Field, der fantastischen Polly, der kleinen Lucy und dem Rest des Teams. Danke, dass Ihr mein Leben für drei Monate in eine wahre Hölle verwandelt habt! Alles Liebe! Ginny Alcock und Kate Habershom, den Food-Stylistinnen, für all ihre Hilfe und die harte Arbeit.

Ich möchte mich auch bei einigen der besten Londoner Lebensmittelhändler bedanken, die nicht nur einen großartigen Service, sondern auch viel persönlichen Einsatz bieten: Danke! Die vier sind:

Die wunderbare Patricia von La Fromagerie, 30 Highbury Park, London N5 2AA (der beste Käseladen in ganz England). Tel.: (020) 73 59 74 40.

Brian Randalls Butchers, 113 Wandsworth Bridge Road, London SW6 2TE. Tel.: (020) 77 36 34 26.

Barry auf dem Portobello Road Market.

Rushton von George Allans Vegetables, Unit 12-14, Block C, New Covent Garden Market. Tel.: (020) 77 20 34 85.